Welche Zahlen fehlen?
Trage sie ein.

1	2	3		5	6	7	8	9	10
11	12		14	15		17		19	
21		23			26	27	28		30
	32	33	34	35		37		39	
41		43		45	46		48		50
51	52		54		56	57		59	
61	62	63		65	66		68		70
	72		74		76	77	78	79	80
81		83	84		86		88		90
91	92			95	96	97		99	

Hundertfeld

Welche Zahlen fehlen?
Trage sie ein.

1	2	3	4	5	6	7	8	9	10
11	12	13	14	15	16	17	18	19	20
21	22	23	24	25	26	27	28	29	30
31	32	33	34	35	36	37	38	39	40
41	42	43	44	45	46	47	48	49	50
51	52	53	54	55	56	57	58	59	60
61	62	63	64	65	66	67	68	69	70
71	72	73	74	75	76	77	78	79	80
81	82	83	84	85	86	87	88	89	90
91	92	93	94	95	96	97	98	99	100

Weißt du, welche Zahlen auf den gelben Feldern fehlen?
Trage sie ein.

1									
									100

Hunderterfeld

Weißt du, welche Zahlen auf den gelben Feldern fehlen?
Trage sie ein.

1				5					
11									
		23					28		
	42								
						57			
			64						70
							88		
					96				100

4

Zahlenbänder

Ergänze auf den Zahlenbändern die fehlenden Zahlen.

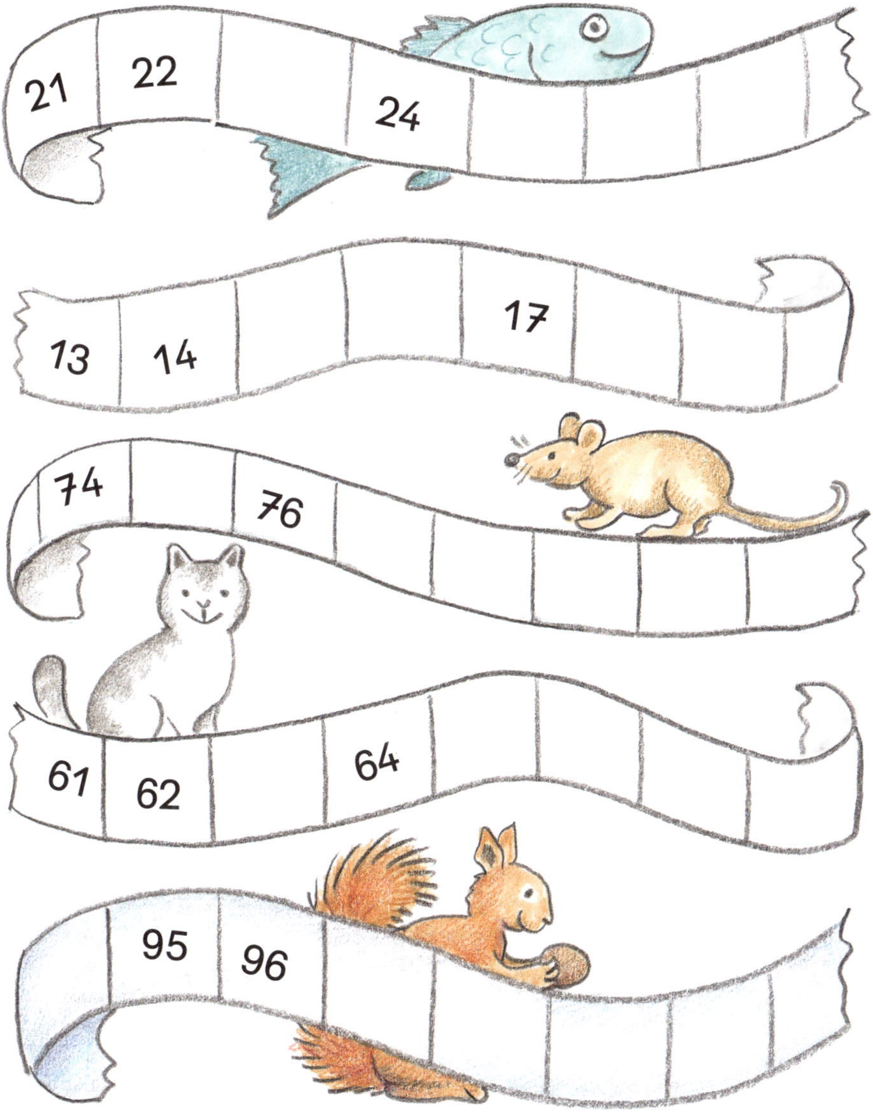
21
22
24
13
14
17
74
76
61
62
64
95
96

Zahlenbänder

Ergänze auf den Zahlenbändern die fehlenden Zahlen.

21 22 23 24 25 26 27

13 14 15 16 17 18 19

74 75 76 77 78 79 80 81

61 62 63 64 65 66 67 68

94 95 96 97 98 99 100

Jede Zahl hat einen Vorgänger und einen Nachfolger.
Ergänze in der Tabelle, was fehlt.

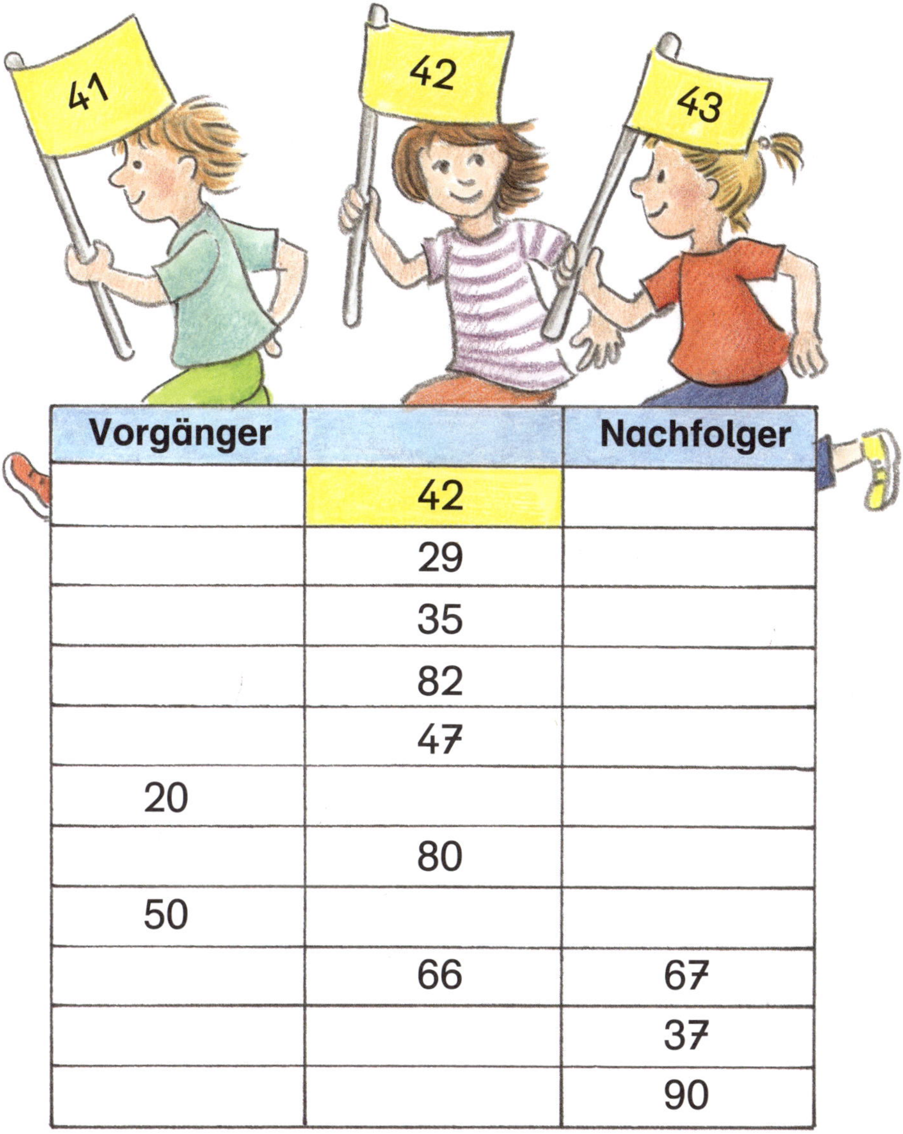

Vorgänger		Nachfolger
	42	
	29	
	35	
	82	
	47	
20		
	80	
50		
	66	67
		37
		90

Jede Zahl hat einen Vorgänger und einen Nachfolger.
Ergänze in der Tabelle, was fehlt.

Vorgänger		Nachfolger
41	42	43
28	29	30
34	35	36
81	82	83
46	47	48
20	21	22
79	80	81
50	51	52
65	66	67
35	36	37
88	89	90

Zeichne ein, an welcher Stelle die Zahlen auf dem Zahlenstrahl sind.

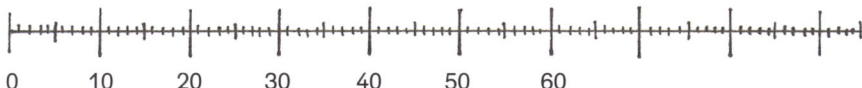

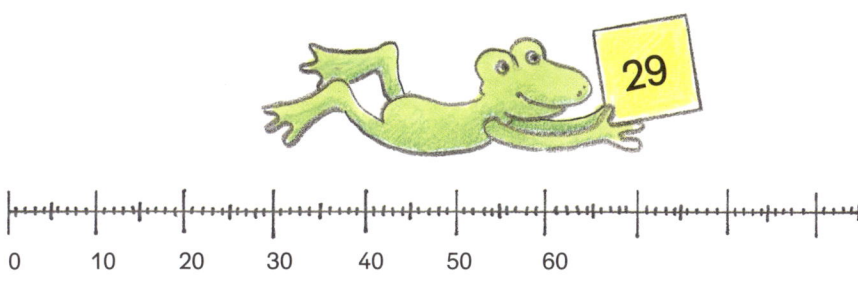

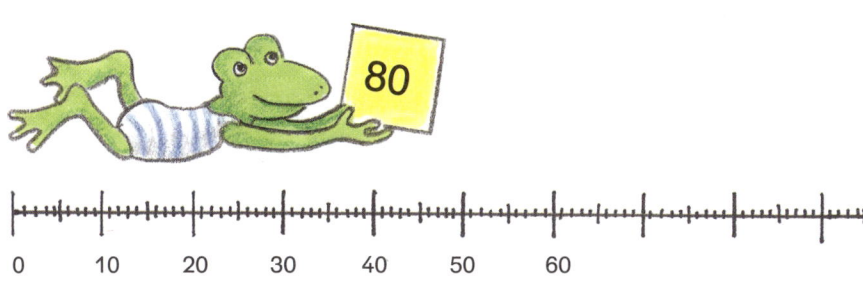

Zeichne ein, an welcher Stelle die Zahlen auf dem Zahlenstrahl sind.

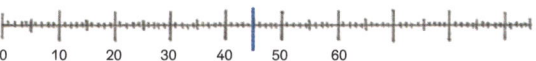

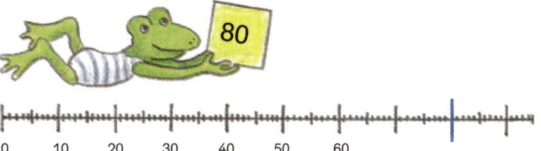

< ist kleiner und > ist größer.
Setze die fehlenden Zeichen ein.

ist kleiner

ist größer

3	<	6
10		21
16		61
34		43
45		54
18		81

100		4
92		29
73		37
80		14
57		13
2		90

Kleiner und größer

< ist kleiner und > ist größer.
Setze die fehlenden Zeichen ein.

ist kleiner

ist größer

3	<	6
10	<	21
16	<	61
34	<	43
45	<	54
18	<	81

100	>	4
92	>	29
73	>	37
80	>	14
57	>	13
2	<	90

Ordne die Zahlen der Größe nach und beginne mit der kleinsten.

H	Z	E
		3

64

27   19

89   3

34

11

93

41

105

30

68

84

57

86

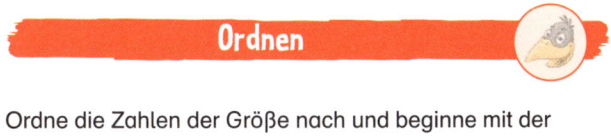

Ordnen

Ordne die Zahlen der Größe nach und beginne mit der kleinsten.

H	Z	E
		3
	1	1
	1	9
	2	7
	3	0
	3	4
	4	1
	5	7
	6	4
	6	8
	8	4
	8	6
	8	9
	9	3
1	0	5

64 27 19 89 3 34 11 93

41 105 30 68 84 57 86

Rechne alle Aufgaben.

2 + 5 =	7
12 + 5 =	
22 + 5 =	
52 + 5 =	
82 + 5 =	

3 + 5 =
23 + 5 =
63 + 5 =
83 + 5 =
93 + 5 =

4 + 5 =
34 + 5 =
64 + 5 =
84 + 5 =
94 + 5 =

1 + 6 =
31 + 6 =
41 + 6 =
71 + 6 =
81 + 6 =

2 + 6 =
22 + 6 =
52 + 6 =
72 + 6 =
92 + 6 =

Addieren

Rechne alle Aufgaben.

2	+	5	=		7
12	+	5	=	1	7
22	+	5	=	2	7
52	+	5	=	5	7
82	+	5	=	8	7

3	+	5	=		8
23	+	5	=	2	8
63	+	5	=	6	8
83	+	5	=	8	8
93	+	5	=	9	8

4	+	5	=		9
34	+	5	=	3	9
64	+	5	=	6	9
84	+	5	=	8	9
94	+	5	=	9	9

1	+	6	=		7
31	+	6	=	3	7
41	+	6	=	4	7
71	+	6	=	7	7
81	+	6	=	8	7

2	+	6	=		8
22	+	6	=	2	8
52	+	6	=	5	8
72	+	6	=	7	8
92	+	6	=	9	8

Rechne alle Aufgaben.

46 + 20

46 + 20 =

81 + 10 =

37 + 60 =

54 + 30 =

62 + 30 =

45 + 20 =

43 + 40 =

36 + 30 =

52 + 20 =

64 + 30 =

24 + 40 =

47 + 30 =

72 + 20 =

58 + 30 =

31 + 60 =

Rechne alle Aufgaben.

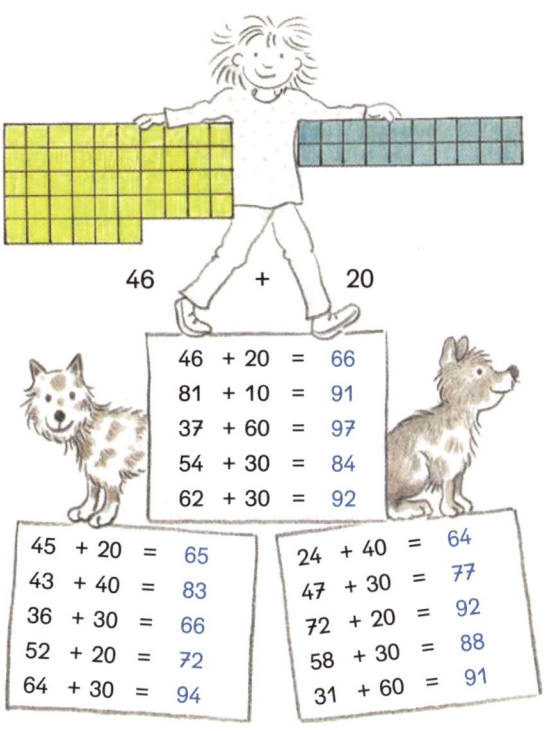

46   +   20

46	+ 20	=	66
81	+ 10	=	91
37	+ 60	=	97
54	+ 30	=	84
62	+ 30	=	92

45	+ 20	=	65
43	+ 40	=	83
36	+ 30	=	66
52	+ 20	=	72
64	+ 30	=	94

24	+ 40	=	64
47	+ 30	=	77
72	+ 20	=	92
58	+ 30	=	88
31	+ 60	=	91

Male die fehlenden Punkte dazu und ergänze immer bis zum vollen Zehner.

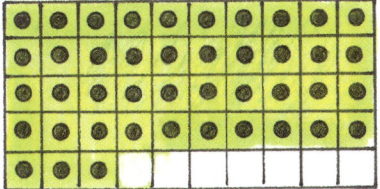

$43 + \underline{\hspace{2cm}} = 50$

$36 + \underline{\hspace{2cm}} = 40$

4	7	+	3	=	5	0
2	7	+		=	3	0
6	4	+		=	7	0
8	6	+		=	9	0
3	5	+		=	4	0

4	6	+		=	5	0
2	5	+		=	3	0
6	7	+		=	7	0
8	2	+		=	9	0
3	4	+		=	4	0

Ergänzen

Male die fehlenden Punkte dazu und ergänze immer bis zum vollen Zehner.

$43 + \underline{7} = 50$

$36 + \underline{4} = 40$

$4\ 7 + 3 = 5\ 0$

$2\ 7 + 3 = 3\ 0$

$6\ 4 + 6 = 7\ 0$

$8\ 6 + 4 = 9\ 0$

$3\ 5 + 5 = 4\ 0$

$4\ 6 + 4 = 5\ 0$

$2\ 5 + 5 = 3\ 0$

$6\ 7 + 3 = 7\ 0$

$8\ 2 + 8 = 9\ 0$

$3\ 4 + 6 = 4\ 0$

20

Zeichne die fehlenden Punkte ein.
Rechne die Aufgaben in zwei Schritten.

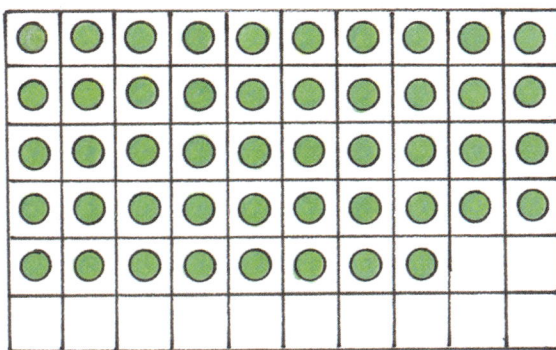

4	8	+	6	=		
4	8	+	2	=	5	0
5	0	+	4	=		

2	8	+	3	=	
2	8	+	2	=	
		+	1	=	

5	8	+	7	=	
5	8	+	2	=	
		+	5	=	

4	9	+	5	=	
4	9	+	1	=	
		+	4	=	

7	7	+	7	=	
7	7	+	3	=	
		+	4	=	

Addieren

Zeichne die fehlenden Punkte ein.
Rechne die Aufgaben in zwei Schritten.

4	8	+	6	=	5	4
4	8	+	2	=	5	0
5	0	+	4	=	5	4

2	8	+	3	=	3	1
2	8	+	2	=	3	0
3	0	+	1	=	3	1

5	8	+	7	=	6	5
5	8	+	2	=	6	0
6	0	+	5	=	6	5

4	9	+	5	=	5	4
4	9	+	1	=	5	0
5	0	+	4	=	5	4

7	7	+	7	=	8	4
7	7	+	3	=	8	0
8	0	+	4	=	8	4

Rechne die Aufgaben schrittweise.

6	6	+	7	=	
6	6	+	4	=	
		+	3	=	

8	6	+	7	=	
8	6	+		=	
		+		=	

6	5	+	6	=	
6	5	+		=	
		+		=	

5	4	+	8	=	
5	4	+		=	
		+		=	

2	3	+	9	=	
2	3	+		=	
		+		=	

3	8	+	5	=	
3	8	+		=	
		+		=	

Addieren

Rechne die Aufgaben schrittweise.

Grün:

$66 + 7 = 73$
$66 + 4 = 70$
$70 + 3 = 73$

Orange:

$86 + 7 = 93$
$86 + 4 = 90$
$90 + 3 = 93$

Gelbgrün:

$65 + 6 = 71$
$65 + 5 = 70$
$70 + 1 = 71$

Blau:

$54 + 8 = 62$
$54 + 6 = 60$
$60 + 2 = 62$

43   32   73

71   93   62

Rot:

$23 + 9 = 32$
$23 + 7 = 30$
$30 + 2 = 32$

Grün:

$38 + 5 = 43$
$38 + 2 = 40$
$40 + 3 = 43$

Male die passenden Kästchen an und
ergänze die fehlenden Zahlen.

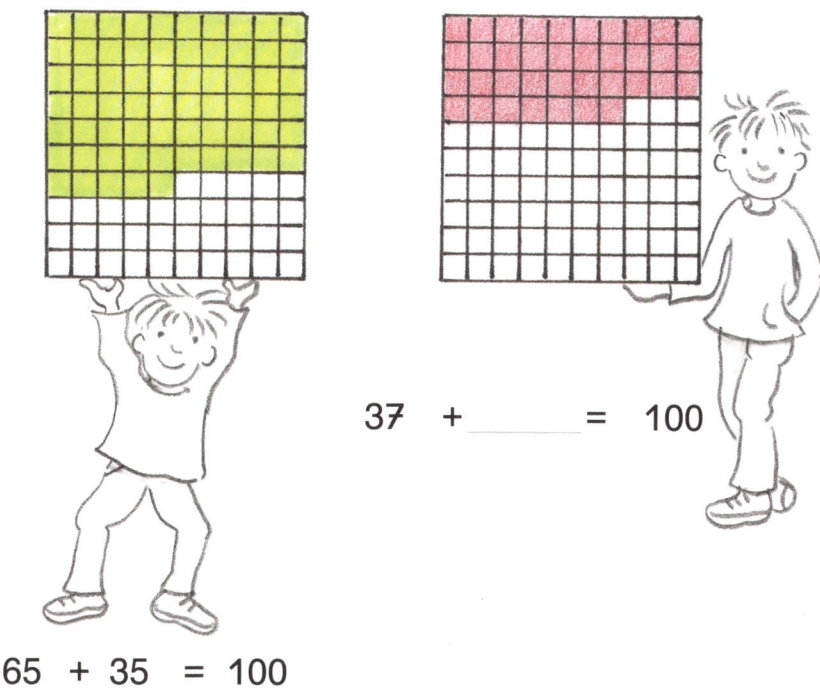

37 + _____ = 100

65 + 35 = 100

48 + _____ = 100

Male die passenden Kästchen an und
ergänze die fehlenden Zahlen.

37 + 63 = 100

65 + 35 = 100

48 + 52 = 100

Rechne die Aufgaben schrittweise.

6	7	+	3	3	=	1	0	0
6	7	+		3	=		7	0
7	0	+	3	0	=	1	0	0

5	9	+			=	1	0	0
5	9	+			=		6	0
6	0	+			=	1	0	0

3	4	+			=	1	0	0
3	4	+			=		4	0
		+			=	1	0	0

2	9	+			=	1	0	0
2	9	+			=		3	0
3	0	+			=	1	0	0

Rechne die Aufgaben schrittweise.

6	7	+	3	3	=	1	0	0
6	7	+		3	=		7	0
7	0	+	3	0	=	1	0	0

5	9	+	4	1	=	1	0	0
5	9	+		1	=		6	0
6	0	+	4	0	=	1	0	0

3	4	+	6	6	=	1	0	0
3	4	+		6	=		4	0
4	0	+	6	0	=	1	0	0

2	9	+	7	1	=	1	0	0
2	9	+		1	=		3	0
3	0	+	7	0	=	1	0	0

Rechne die Aufgaben schrittweise.

4	3	+		=	1	0	0
4	3	+		=		5	0
5	0	+		=	1	0	0

6	1	+		=	1	0	0
6	1	+		=			
		+		=			

7	5	+		=	1	0	0
		+		=			
		+		=			

1	6	+		=	1	0	0

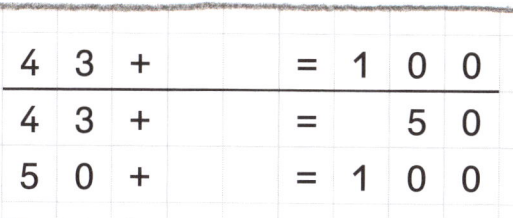
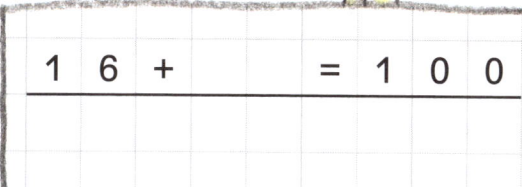

Rechne die Aufgaben schrittweise.

4	3	+	5	7	=	1	0	0
4	3	+		7	=		5	0
5	0	+	5	0	=	1	0	0

6	1	+	3	9	=	1	0	0
6	1	+		9	=		7	0
7	0	+	3	0	=	1	0	0

7	5	+	2	5	=	1	0	0
7	5	+		5	=		8	0
8	0	+	2	0	=	1	0	0

1	6	+	8	4	=	1	0	0
1	6	+		4	=		2	0
2	0	+	8	0	=	1	0	0

Findest du die Zahlen, die auf den Steinen fehlen?
Trage sie ein.

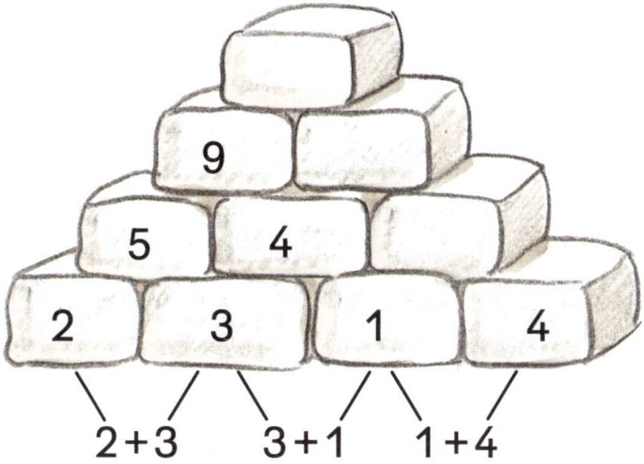

9

5   4

2   3   1   4

2+3   3+1   1+4

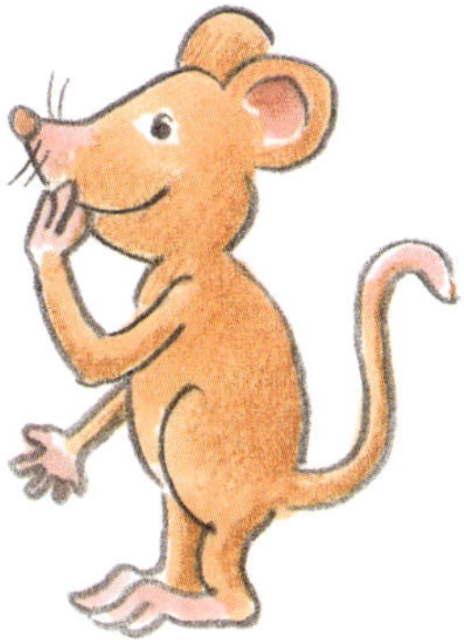

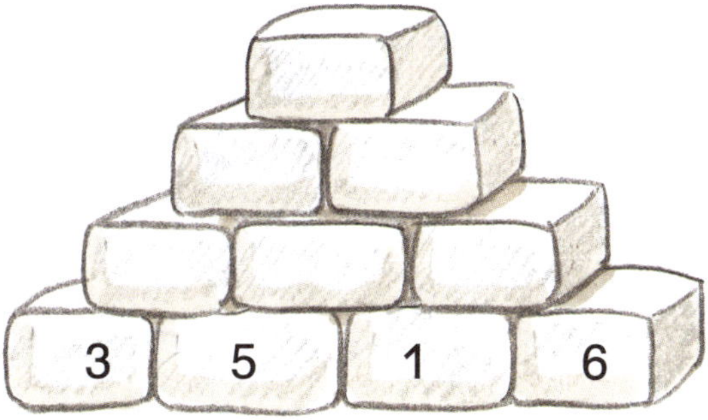

3   5   1   6

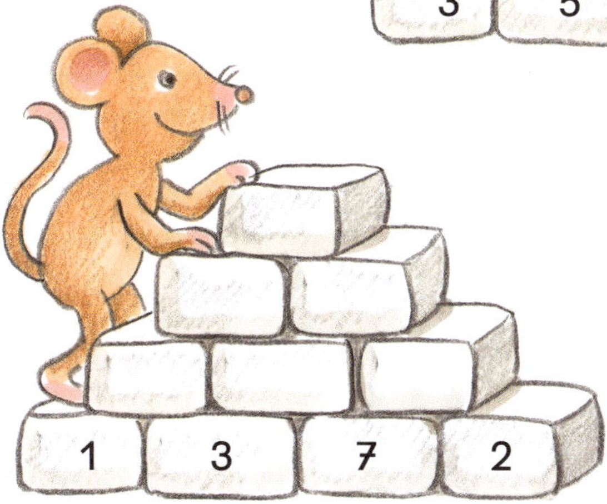

1   3   7   2

Findest du die Zahlen, die auf den Steinen fehlen?
Trage sie ein.

Trage auf den Steinen die fehlenden Zahlen ein.

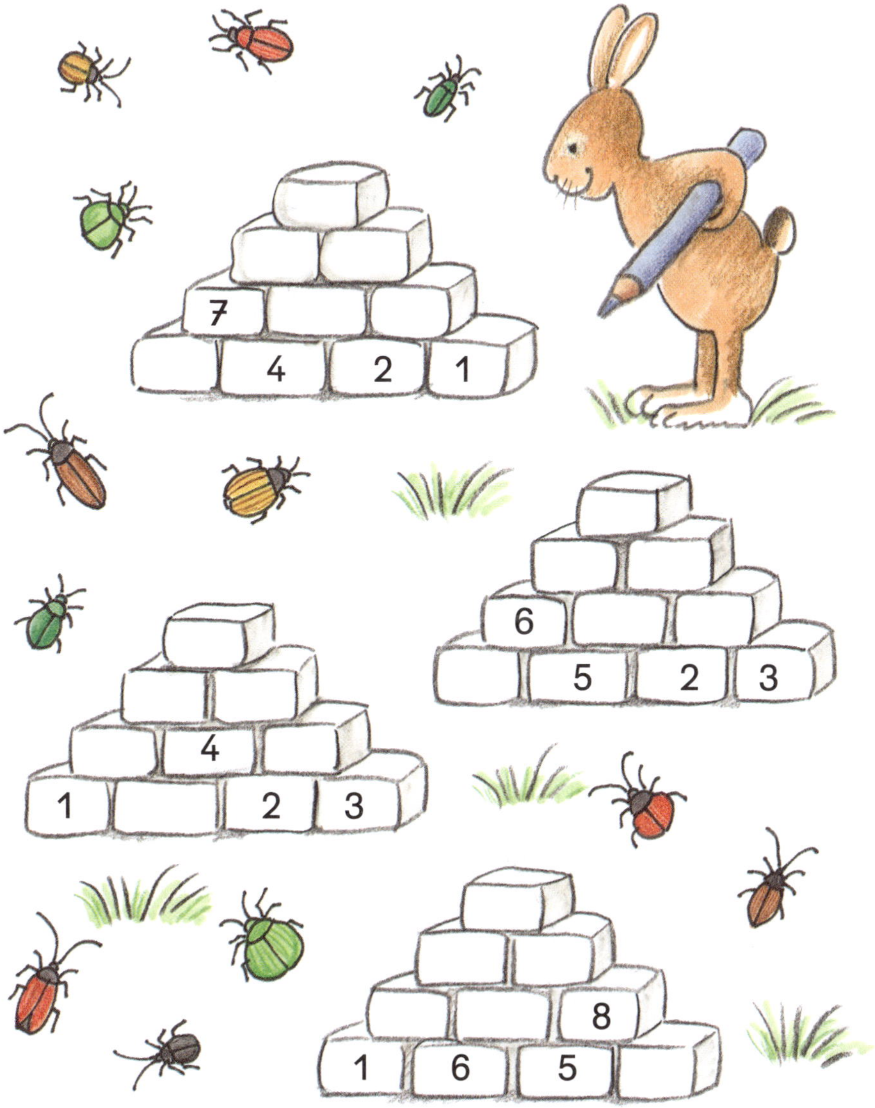

7

4   2   1

6

5   2   3

4

1   2   3

8

1   6   5

Zahlenmauern

Trage auf den Steinen die fehlenden Zahlen ein.

Rechne die Plusaufgaben in zwei Schritten.

Zähle zuerst die Zehner dazu, dann die Einer.

$$3\ 5 + 2\ 3 =$$
$$3\ 5 + 2\ 0 =$$
$$5\ 5 + \ 3 =$$

$$1\ 3 + 6\ 4 =$$
$$\ + =$$
$$\ + =$$

Rechne die Plusaufgaben in zwei Schritten.

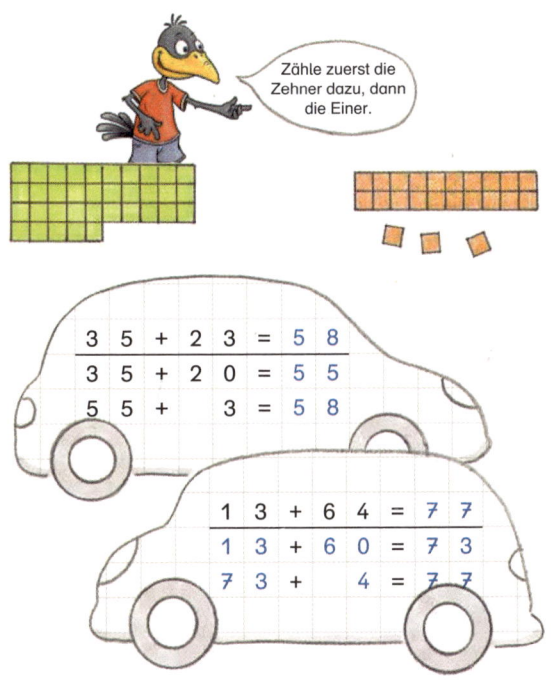

Zähle zuerst die Zehner dazu, dann die Einer.

3	5	+	2	3	=	5	8
3	5	+	2	0	=	5	5
5	5	+		3	=	5	8

1	3	+	6	4	=	7	7
1	3	+	6	0	=	7	3
7	3	+		4	=	7	7

Lösungsseite

Rechne die Aufgaben schrittweise.

2	6	+	1	5	=		
2	6	+	1	0	=	3	6
3	6	+		5	=		

3	9	+	2	6	=	
3	9	+	2	0	=	
		+		6	=	

4	8	+	3	7	=	
		+			=	
		+			=	

6	3	+	2	8	=	
		+			=	
		+			=	

Addieren

Rechne die Aufgaben schrittweise.

2 6	+	1 5	=	4 1
2 6	+	1 0	=	3 6
3 6	+	5	=	4 1

3 9	+	2 6	=	6 5
3 9	+	2 0	=	5 9
5 9	+	6	=	6 5

4 8	+	3 7	=	8 5
4 8	+	3 0	=	7 8
7 8	+	7	=	8 5

6 3	+	2 8	=	9 1
6 3	+	2 0	=	8 3
8 3	+	8	=	9 1

Rechne in einem Schritt.

2 7 + 1 6
2 7 + 1 0 + 6 =

6 3 + 1 9
6 3 + 1 0 + 9 =

4 6 + 2 6
4 6 + 2 0 + 6 =

5 8 + 3 7
5 8 + 3 0 + 7 =

2 9 + 4 9
2 9 + 4 0 + 9 =

5 6 + 3 5
5 6 + 3 0 + 5 =

Addieren

Rechne in einem Schritt.

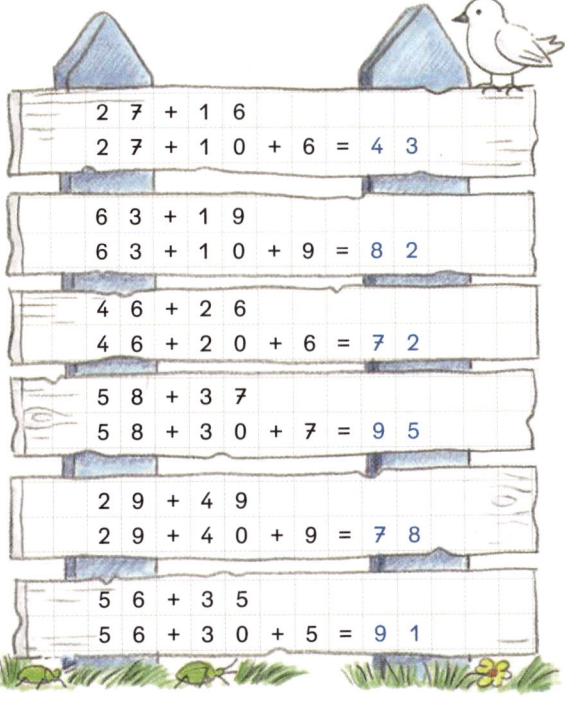

2 7 + 1 6
2 7 + 1 0 + 6 = 4 3

6 3 + 1 9
6 3 + 1 0 + 9 = 8 2

4 6 + 2 6
4 6 + 2 0 + 6 = 7 2

5 8 + 3 7
5 8 + 3 0 + 7 = 9 5

2 9 + 4 9
2 9 + 4 0 + 9 = 7 8

5 6 + 3 5
5 6 + 3 0 + 5 = 9 1

Addieren

Zu jeder Aufgabe passt ein Ergebnis.
Verbinde, was zusammengehört.

28 + 17	61
36 + 25	73
47 + 36	45
19 + 54	91
54 + 37	75
46 + 38	83
29 + 46	66
67 + 19	84
38 + 28	81
64 + 17	86

Addieren

Zu jeder Aufgabe passt ein Ergebnis.
Verbinde, was zusammengehört.

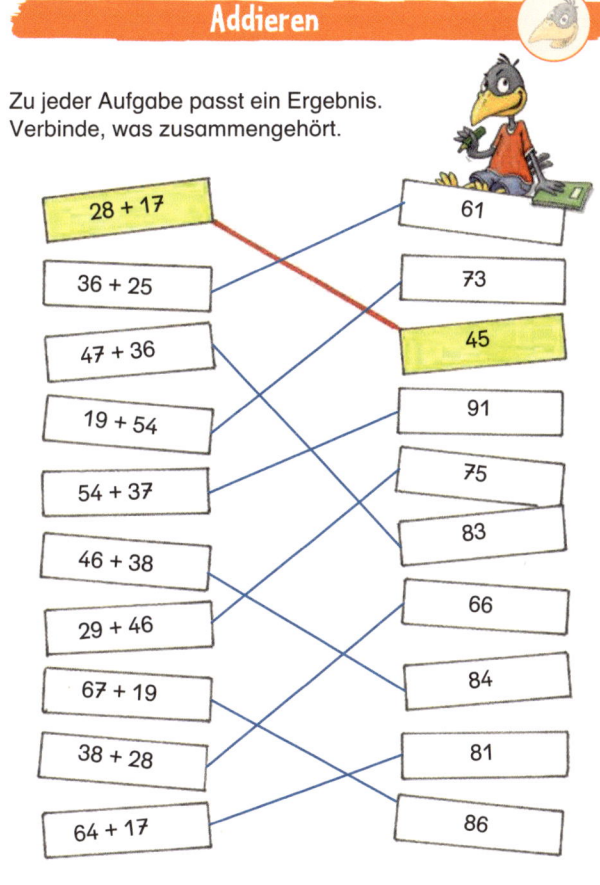

Aufgabe		Ergebnis
28 + 17		61
36 + 25		73
47 + 36		45
19 + 54		91
54 + 37		75
46 + 38		83
29 + 46		66
67 + 19		84
38 + 28		81
64 + 17		86

Lösungsseite

Rechne plus zum Nachfolger-Zehner.

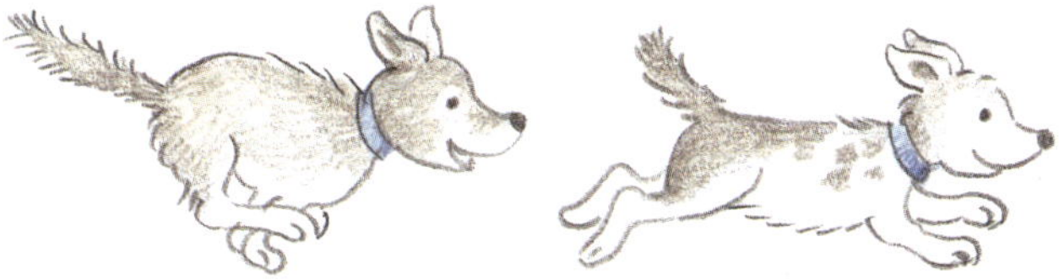

73	+ 7	→	80
35	+ 5	→	40
28	+	→	30
47	+	→	
59	+	→	
38	+	→	
14	+	→	
62	+	→	

43

Nachfolger-Zehner

Rechne plus zum Nachfolger-Zehner.

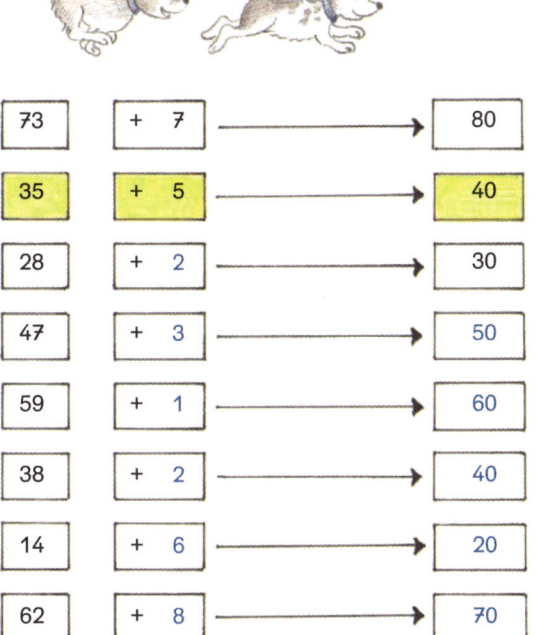

73	+ 7	→	80
35	+ 5	→	40
28	+ 2	→	30
47	+ 3	→	50
59	+ 1	→	60
38	+ 2	→	40
14	+ 6	→	20
62	+ 8	→	70

Stelle die Zahlen um. Dann ist es einfacher, sie zu addieren.

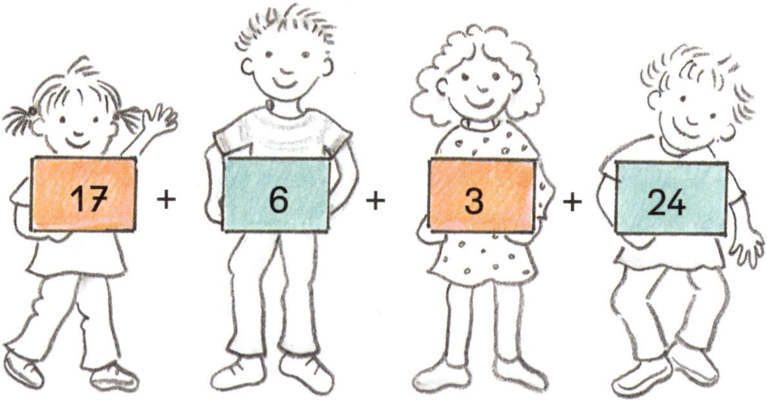

17 + 6 + 3 + 24

1 7 + 6 + 3 + 2 4 =

1 7 + 3 + 2 4 + 6 =

17 + + 24 +

20 + 30

Stelle die Zahlen um. Dann ist es einfacher, sie zu addieren.

$17 + 6 + 3 + 24$

| 1 | 7 | + | 6 | + | | 3 | + | 2 | 4 | = | 5 | 0 |
| 1 | 7 | + | 3 | + | 2 | 4 | + | | 6 | = | 5 | 0 |

$17 + 3 + 24 + 6$

20 + 30

Geschickt addieren

Stelle zuerst die Zahlen um und addiere dann.

53 + **18** + **7** + **2**

5 3	+		7	+	1 8	+		2	=	
		6	0	+	2 0				=	

	2	+	4 6	+	1 8	+		4	=	
		+			+			+	=	
			+						=	

7	+	3 8	+	4 3	+		2	=	
	+			+			+	=	
			+					=	

Geschickt addieren

Stelle zuerst die Zahlen um und addiere dann.

5 3 +	7 + 1 8 +	2 =	8 0
	6 0 + 2 0	=	8 0

2 + 4 6 + 1 8 +	4 =	7 0
2 + 1 8 + 4 6 +	4 =	7 0
2 0 + 5 0	=	7 0

7 + 3 8 + 4 3 +	2 =	9 0
7 + 4 3 + 3 8 +	2 =	9 0
5 0 + 4 0	=	9 0

Lösungsseite

Findest du die Zauberzahl? Addiere die Zahlen
in den Reihen, den Spalten und den Diagonalen.

Zauberzahl:

_____

$5 + 11 + 17 =$

9	7	17
19	11	3
5	15	13

$9 + 7 + 17 =$

$19 + 11 + 3 =$

$5 + 15 + 13 =$

$9 + 19 + 5 =$

$7 + 11 + 15 =$

$17 + 3 + 13 =$

$9 + 11 + 13 =$

Zauberquadrat

Findest du die Zauberzahl? Addiere die Zahlen
in den Reihen, den Spalten und den Diagonalen.

Zauberzahl:

33

$5 + 11 + 17 = 33$

9	7	17
19	11	3
5	15	13

$9 + 7 + 17 = 33$
$19 + 11 + 3 = 33$
$5 + 15 + 13 = 33$

$9 + 19 + 5 = 33$
$7 + 11 + 15 = 33$
$17 + 3 + 13 = 33$

$9 + 11 + 13 = 33$

Welche Zahlen fehlen in den Zauberquadraten?

104

9	51	11	
	15	55	
63		21	7
3	25		59

	49	9	31
27	13	53	
61	11		5
1		15	57

96

Zauberquadrat

Welche Zahlen fehlen in den Zauberquadraten?

104

9	51	11	33
29	15	55	5
63	13	21	7
3	25	17	59

7	49	9	31
27	13	53	3
61	11	19	5
1	23	15	57

96

Streiche in jedem Bild die richtige Anzahl weg und
rechne die Aufgabe aus.

$60 - 7 =$ _____

$40 - 4 =$ _____

$50 - 8 =$ _____

$30 - 6 =$ _____

$20 - 9 =$ _____

$40 - 5 =$ _____

Subtrahieren

Streiche in jedem Bild die richtige Anzahl weg und rechne die Aufgabe aus.

$60 - 7 = \underline{53}$

$40 - 4 = \underline{36}$

$50 - 8 = \underline{42}$

$30 - 6 = \underline{24}$

$20 - 9 = \underline{11}$

$40 - 5 = \underline{35}$

Streiche die passende Anzahl von Flaschen weg.
Rechne alle Aufgaben aus.

19 − 4 = _____

2	4	−	2	=		7	8	−	6	=
3	8	−	5	=		8	5	−	3	=
4	9	−	4	=		9	8	−	2	=
5	5	−	3	=		2	7	−	4	=
6	8	−	6	=		3	9	−	5	=
2	5	−	4	=		6	4	−	3	=
3	6	−	3	=		7	5	−	2	=
4	6	−	2	=		8	9	−	5	=
5	9	−	3	=		6	7	−	5	=
2	8	−	2	=		9	8	−	4	=

Streiche die passende Anzahl von Flaschen weg.
Rechne alle Aufgaben aus.

$19 - 4 =$ _15_

2	4	−	2	=	2	2		7	8	−	6	=	7 2
3	8	−	5	=	3	3		8	5	−	3	=	8 2
4	9	−	4	=	4	5		9	8	−	2	=	9 6
5	5	−	3	=	5	2		2	7	−	4	=	2 3
6	8	−	6	=	6	2		3	9	−	5	=	3 4
2	5	−	4	=	2	1		6	4	−	3	=	6 1
3	6	−	3	=	3	3		7	5	−	2	=	7 3
4	6	−	2	=	4	4		8	9	−	5	=	8 4
5	9	−	3	=	5	6		6	7	−	5	=	6 2
2	8	−	2	=	2	6		9	8	−	4	=	9 4

Streiche immer die passenden Kästchen weg und
rechne die Minusaufgaben aus.

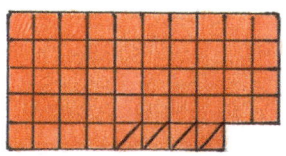

48 – 4 = _____

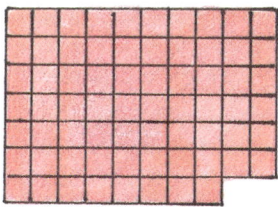

38 – 4 = _____

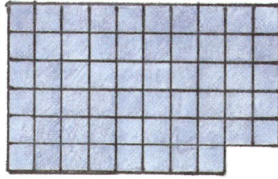

68 – 4 = _____

58 – 4 = _____

98 – 4 = _____

Subtrahieren

Streiche immer die passenden Kästchen weg und
rechne die Minusaufgaben aus.

48 − 4 = 44

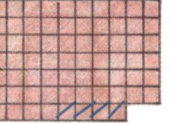

38 − 4 = 34

68 − 4 = 64

58 − 4 = 54

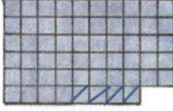

98 − 4 = 94

Male die passenden Kästchen an und streiche die richtige Anzahl weg. Löse die Aufgaben.

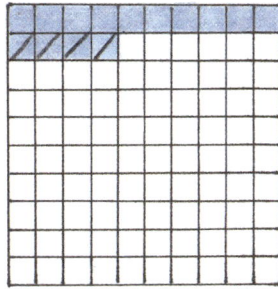

14 − _____ = 10

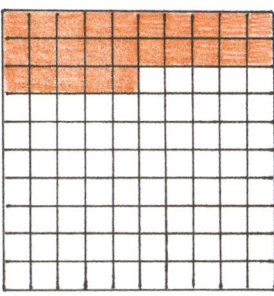

25 − _____ = 20

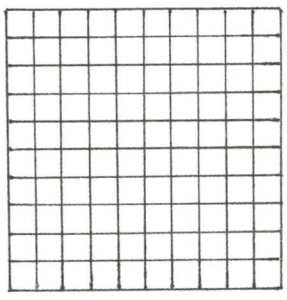

47 − _____ = 40

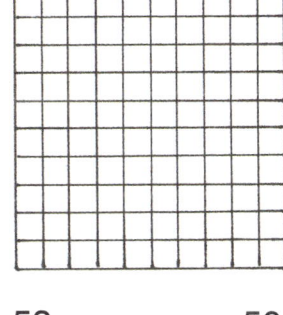

53 − _____ = 50

Subtrahieren

Male die passenden Kästchen an und streiche die richtige Anzahl weg. Löse die Aufgaben.

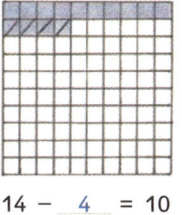

14 − 4 = 10

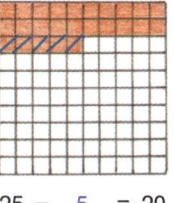

25 − 5 = 20

47 − 7 = 40

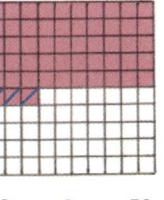

53 − 3 = 50

Rechne immer minus.

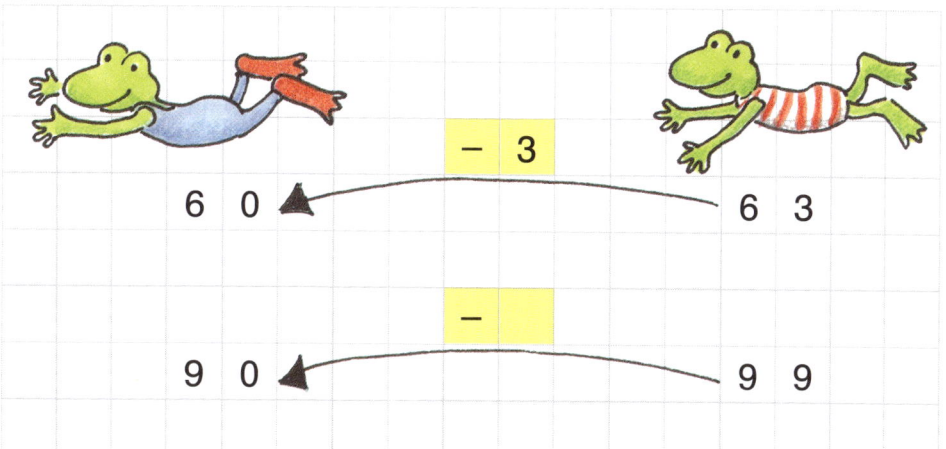

$$6 \; 0 \longleftarrow \boxed{-\;3} \longleftarrow 6 \; 3$$

$$9 \; 0 \longleftarrow \boxed{-\;} \longleftarrow 9 \; 9$$

1 8 −		=	1	0	
1 3 −		=	1	0	
3 4 −		=	3	0	
3 8 −		=	3	0	
5 6 −		=	5	0	
5 8 −		=	5	0	
7 2 −		=	7	0	
7 6 −		=	7	0	

2 4 −		=	2	0	
2 9 −		=	2	0	
4 2 −		=	4	0	
4 8 −		=	4	0	
6 3 −		=	6	0	
6 8 −		=	6	0	
8 3 −		=	8	0	
8 9 −		=	8	0	

Subtrahieren

Rechne immer minus.

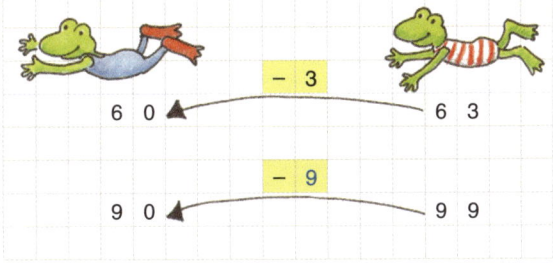

– 3				
6 0 ◄		6 3		

– 9				
9 0 ◄		9 9		

1 8 – 8 = 1 0
1 3 – 3 = 1 0

3 4 – 4 = 3 0
3 8 – 8 = 3 0

5 6 – 6 = 5 0
5 8 – 8 = 5 0

7 2 – 2 = 7 0
7 6 – 6 = 7 0

2 4 – 4 = 2 0
2 9 – 9 = 2 0

4 2 – 2 = 4 0
4 8 – 8 = 4 0

6 3 – 3 = 6 0
6 8 – 8 = 6 0

8 3 – 3 = 8 0
8 9 – 9 = 8 0

Subtrahieren

Streiche die passende Anzahl Stifte weg und
rechne die Aufgaben.

3	2	–	4					
3	2	–	2	–	2	=		

6	5	–	6				
6	5	–	5	–	1	=	

5	2	–	5				
5	2	–	2	–	3	=	

2	3	–	5				
2	3	–	3	–	2	=	

3	3	–	5				
3	3	–	3	–	2	=	

Subtrahieren

Streiche die passende Anzahl Stifte weg und
rechne die Aufgaben.

3 2	− 4			
3 2 − 2 − 2 =	**2**	**8**		

6 5	− 6			
6 5 − 5 − 1 =	**5**	**9**		

5 2	− 5			
5 2 − 2 − 3 =	**4**	**7**		

2 3	− 5			
2 3 − 3 − 2 =	**1**	**8**		

3 3	− 5			
3 3 − 3 − 2 =	**2**	**8**		

Streiche die passende Anzahl Stifte weg und
rechne schrittweise.

2	4	–	7			
2	4	–	4	–	3	=

Erst bis zum
Zehner und
dann weiter.

9	2	–	5			
9	2	–		–		=

8	1	–	6			
8	1	–		–		=

5	4	–	8			
5	4	–		–		=

9	5	–	7			
9	5	–		–		=

2	7	–	9			
2	7	–		–		=

Subtrahieren

Streiche die passende Anzahl Stifte weg und
rechne schrittweise.

2	4	–	7̶				
2	4	–	4	–	3	=	1 7̶

Erst bis zum
Zehner und
dann weiter.

9	2	–	5				
9	2	–	2	–	3	=	8 7̶

8	1	–	6				
8	1	–	1	–	5	=	7̶ 5

5	4	–	8				
5	4	–	4	–	4	=	4 6

9	5	–	7̶				
9	5	–	5	–	2	=	8 8

2	7̶	–	9				
2	7̶	–	7̶	–	2	=	1 8

Lösungsseite

66

Streiche die passende Anzahl weg.
Rechne alle Minusaufgaben.

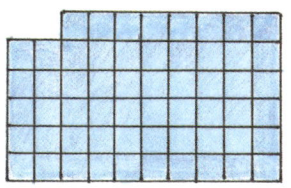

58 − 10 = _____

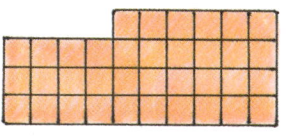

36 − 20 = _____

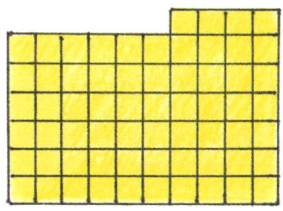

64 − 30 = _____

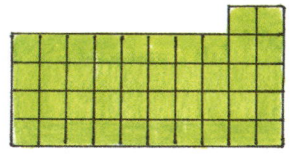

42 − 20 = _____

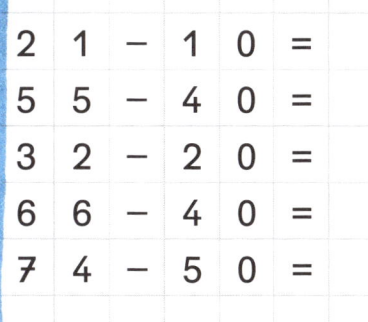

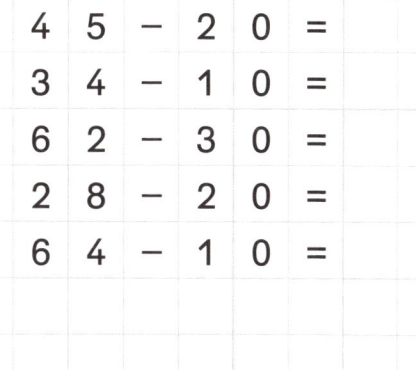

2	1	−	1	0	=		4	5	−	2	0	=
5	5	−	4	0	=		3	4	−	1	0	=
3	2	−	2	0	=		6	2	−	3	0	=
6	6	−	4	0	=		2	8	−	2	0	=
7	4	−	5	0	=		6	4	−	1	0	=

Subtrahieren

Streiche die passende Anzahl weg.
Rechne alle Minusaufgaben.

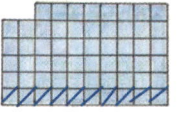

58 − 10 = __48__

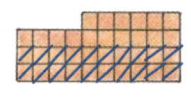

36 − 20 = __16__

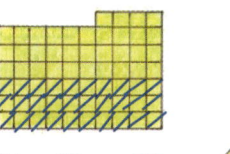

64 − 30 = __34__

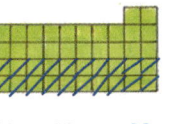

42 − 20 = __22__

2 1 − 1 0 = 1 1	4 5 − 2 0 = 2 5
5 5 − 4 0 = 1 5	3 4 − 1 0 = 2 4
3 2 − 2 0 = 1 2	6 2 − 3 0 = 3 2
6 6 − 4 0 = 2 6	2 8 − 2 0 = 8
7 4 − 5 0 = 2 4	6 4 − 1 0 = 5 4

Rechne die Aufgaben schrittweise.

1	0	0	–	3	6	=		
1	0	0	–	3	0	=	7	0
	7	0	–		6	=	6	4
1	0	0	–	2	8	=		
1	0	0	–	2	0	=		
			–		8	=		
1	0	0	–	7	4	=		
1	0	0	–			=		
			–			=		
1	0	0	–	6	4	=		
1	0	0	–			=		
			–			=		
1	0	0	–	4	6	=		
1	0	0	–			=		
			–			=		

Rechne die Aufgaben schrittweise.

1	0	0	−	3	6	=	6	4
1	0	0	−	3	0	=	7	0
	7	0	−		6	=	6	4
1	0	0	−	2	8	=	7	2
1	0	0	−	2	0	=	8	0
	8	0	−		8	=	7	2
1	0	0	−	7	4	=	2	6
1	0	0	−	7	0	=	3	0
	3	0	−		4	=	2	6
1	0	0	−	6	4	=	3	6
1	0	0	−	6	0	=	4	0
	4	0	−		4	=	3	6
1	0	0	−	4	6	=	5	4
1	0	0	−	4	0	=	6	0
	6	0	−		6	=	5	4

Lösungsseite

Rechne die Aufgaben schrittweise. Vergleiche deine Ergebnisse mit den Zahlen auf den Flaschen.

$92 - 46 =$
$92 - 40 = 52$
$52 - 6 = 46$

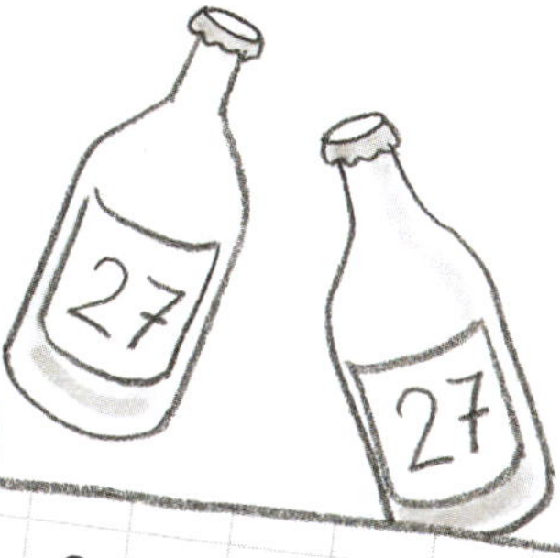

27

27

$95 - 68 =$
$95 - $
$ - $ $=$
$ =$

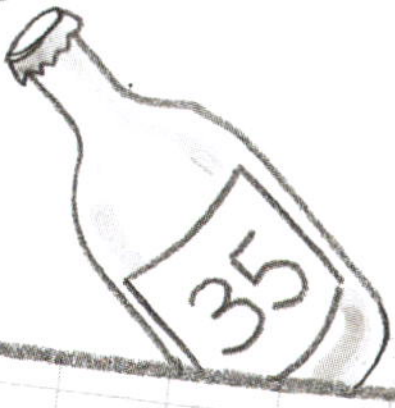

35

$73 - 46 =$
$73 - $ $=$
$ - $ $=$

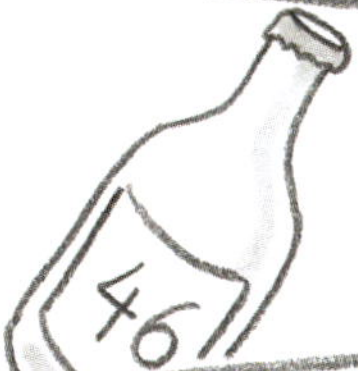

46

$74 - 39 =$
$74 - $ $=$
$ - $ $=$

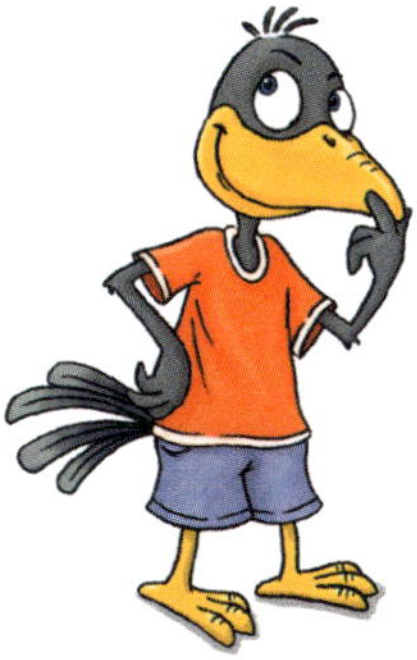

Subtrahieren

Rechne die Aufgaben schrittweise. Vergleiche deine
Ergebnisse mit den Zahlen auf den Flaschen.

$$92 - 46 = 46$$
$$92 - 40 = 52$$
$$52 - 6 = 46$$

$$95 - 68 = 27$$
$$95 - 60 = 35$$
$$35 - 8 = 27$$

$$73 - 46 = 27$$
$$73 - 40 = 33$$
$$33 - 6 = 27$$

$$74 - 39 = 35$$
$$74 - 30 = 44$$
$$44 - 9 = 35$$

Lösungsseite

Rechne schrittweise und male die Ergebniskugeln an.

8	5	–	2	7	=	
8	5	–	2	0	=	
		–		7	=	
6	5	–	3	7	=	
6	5	–			=	
		–			=	
3	5	–	1	9	=	
3	5	–			=	
		–			=	
7	5	–	2	9	=	
7	5	–			=	
		–			=	

16

46   58

28

Subtrahieren

Rechne schrittweise und male die Ergebniskugeln an.

8	5	−	2	7	=	5	8
8	5	−	2	0	=	6	5
6	5	−		7	=	5	8
6	5	−	3	7	=	2	8
6	5	−	3	0	=	3	5
3	5	−		7	=	2	8
3	5	−	1	9	=	1	6
3	5	−	1	0	=	2	5
2	5	−		9	=	1	6
7	5	−	2	9	=	4	6
7	5	−	2	0	=	5	5
5	5	−		9	=	4	6

16

46   58

28

Zu jeder Plusaufgabe gehört eine Malaufgabe.
Rechne beide aus.

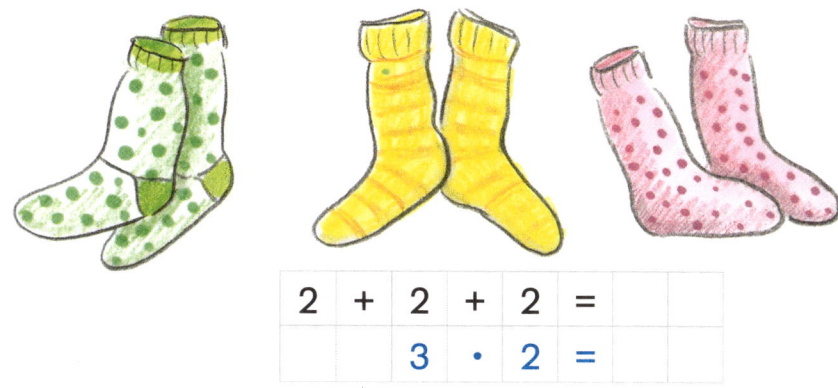

2	+	2	+	2	=	
		3	·	2	=	

2	+	2	+	2	+	2	=	
				4	·	2	=	

2	+	2	=	
2	·	2	=	

Zu jeder Plusaufgabe gehört eine Malaufgabe.
Rechne beide aus.

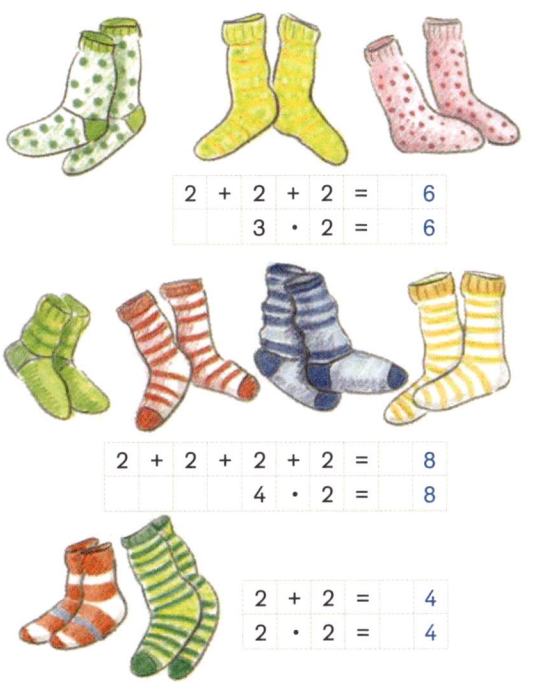

2	+	2	+	2	=	6
		3	·	2	=	6

2	+	2	+	2	+	2	=	8
				4	·	2	=	8

2	+	2	=	4
2	·	2	=	4

Übe das Einmaleins mit 2.

$1 \cdot 2 =$

$2 \cdot 2 =$

$3 \cdot 2 =$

$4 \cdot 2 =$

$5 \cdot 2 =$

$6 \cdot 2 =$

$7 \cdot 2 =$

$8 \cdot 2 =$

$9 \cdot 2 =$

$10 \cdot 2 =$

$6 = \quad 3 \cdot 2$

$2 = \quad \cdot 2$

$4 = \quad \cdot 2$

$16 = \quad \cdot 2$

$10 = \quad \cdot 2$

$12 = \quad \cdot 2$

$14 = \quad \cdot 2$

$8 = \quad \cdot 2$

$20 = \quad \cdot 2$

$18 = \quad \cdot 2$

$\cdot 2$

Multiplizieren

Übe das Einmaleins mit 2.

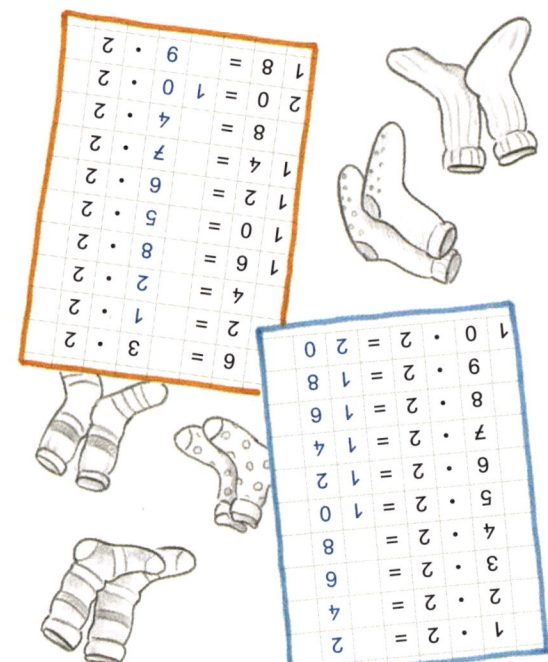

Orange Tafel:

2 · 9 = 18
10 · 2 = 20
2 · 4 = 8
2 · 7 = 14
2 · 6 = 12
2 · 5 = 10
2 · 8 = 16
2 · 2 = 4
2 · 1 = 2
2 · 3 = 6

Blaue Tafel:

1 · 2 = 2
2 · 2 = 4
3 · 2 = 6
4 · 2 = 8
5 · 2 = 10
6 · 2 = 12
7 · 2 = 14
8 · 2 = 16
9 · 2 = 18
10 · 2 = 20

Zu jeder Plusaufgabe gehört eine Malaufgabe.
Rechne sie aus.

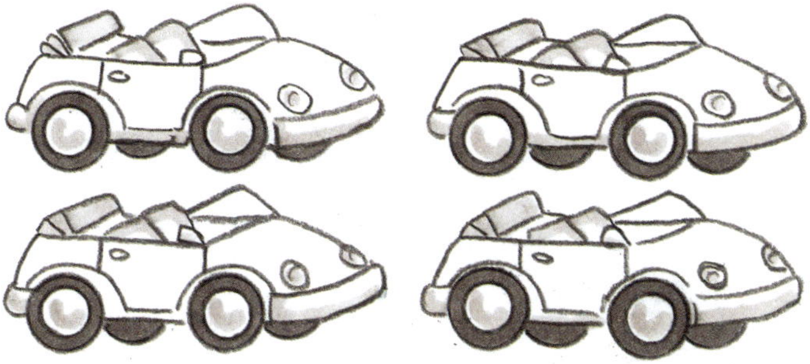

$$4 + 4 + 4 + 4 =$$

$$4 \cdot 4 =$$

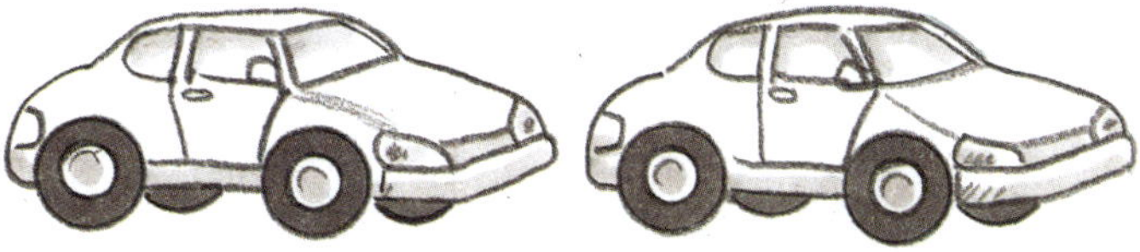

$$4 + 4 =$$

$$2 \cdot 4 =$$

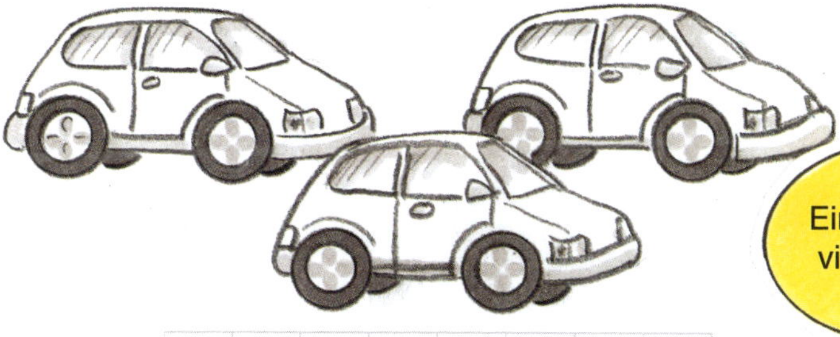

Ein Auto hat
vier Räder.

$$4 + 4 + 4 =$$

$$3 \cdot 4 =$$

79

Zu jeder Plusaufgabe gehört eine Malaufgabe.
Rechne sie aus.

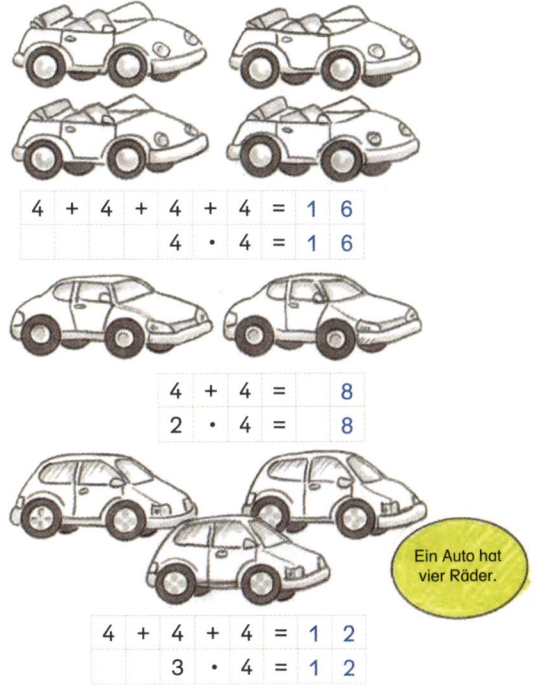

4	+	4	+	4	+	4	=	1	6
				4	·	4	=	1	6

4	+	4	=		8
2	·	4	=		8

Ein Auto hat
vier Räder.

4	+	4	+	4	=	1	2
		3	·	4	=	1	2

Lösungsseite

80

Übe das Einmaleins mit 4.

$1 \cdot 4 = \quad 4$

$2 \cdot 4 =$

$3 \cdot 4 =$

$4 \cdot 4 =$

$5 \cdot 4 =$

$6 \cdot 4 =$

$7 \cdot 4 =$

$8 \cdot 4 =$

$9 \cdot 4 =$

$10 \cdot 4 =$

$8 = \quad \cdot 4$

$4 = \quad \cdot 4$

$36 = \quad \cdot 4$

$28 = \quad \cdot 4$

$40 = \quad 10 \cdot 4$

$20 = \quad \cdot 4$

$16 = \quad \cdot 4$

$32 = \quad \cdot 4$

$12 = \quad \cdot 4$

$24 = \quad \cdot 4$

81

Multiplizieren

Übe das Einmaleins mit 4.

$1 \cdot 4 = 4$
$2 \cdot 4 = 8$
$3 \cdot 4 = 12$
$4 \cdot 4 = 16$
$5 \cdot 4 = 20$
$6 \cdot 4 = 24$
$7 \cdot 4 = 28$
$8 \cdot 4 = 32$
$9 \cdot 4 = 36$
$10 \cdot 4 = 40$

$8 = 2 \cdot 4$
$4 = 1 \cdot 4$
$36 = 9 \cdot 4$
$28 = 7 \cdot 4$
$40 = 10 \cdot 4$
$20 = 5 \cdot 4$
$16 = 4 \cdot 4$
$32 = 8 \cdot 4$
$12 = 3 \cdot 4$
$24 = 6 \cdot 4$

Multiplizieren

Zu jeder Plusaufgabe gehört eine Malaufgabe. Schreibe die passenden Plus- und Malaufgaben auf und rechne.

8	+	8	+	8	=	
		3	·	8	=	

	+		+		+		+		=	
							·		=	

	+		+		+		=	
					·		=	

Die Torten haben jeweils 8 Stücke.

Multiplizieren

Zu jeder Plusaufgabe gehört eine Malaufgabe. Schreibe
die passenden Plus- und Malaufgaben auf und rechne.

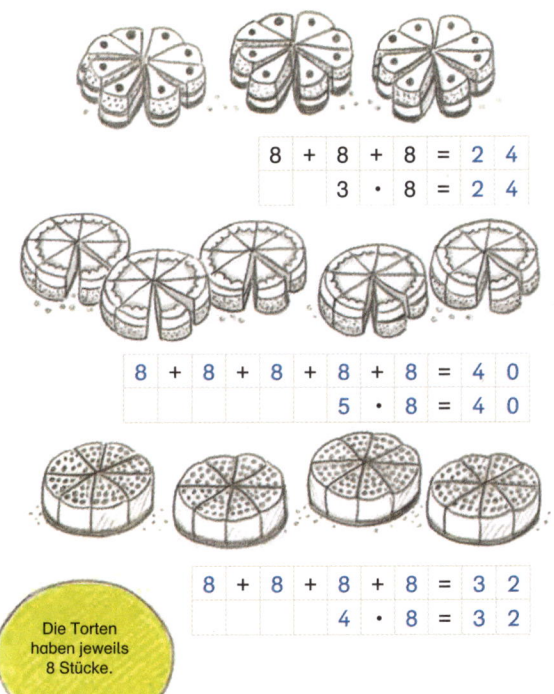

8	+	8	+	8	=	2	4
		3	•	8	=	2	4

8	+	8	+	8	+	8	+	8	=	4	0
					5	•	8	=	4	0

8	+	8	+	8	+	8	=	3	2
				4	•	8	=	3	2

Die Torten
haben jeweils
8 Stücke.

Übe das Einmaleins mit 8 und löse alle Aufgaben.

$1 \cdot 8 =$

$2 \cdot 8 =$

$3 \cdot 8 =$

$4 \cdot 8 =$

$5 \cdot 8 =$

$6 \cdot 8 =$

$7 \cdot 8 =$

$8 \cdot 8 =$

$9 \cdot 8 =$

$10 \cdot 8 =$

$1 \quad 6 =$ $2 \cdot 8$

$\quad 8 =$

$2 \quad 4 =$

$4 \quad 8 =$

$3 \quad 2 =$

$5 \quad 6 =$

$4 \quad 0 =$

$8 \quad 0 =$

$6 \quad 4 =$

$7 \quad 2 =$

Multiplizieren

Übe das Einmaleins mit 8 und löse alle Aufgaben.

$1 \cdot 8 = 8$
$2 \cdot 8 = 16$
$3 \cdot 8 = 24$
$4 \cdot 8 = 32$
$5 \cdot 8 = 40$
$6 \cdot 8 = 48$
$7 \cdot 8 = 56$
$8 \cdot 8 = 64$
$9 \cdot 8 = 72$
$10 \cdot 8 = 80$

$16 = 2 \cdot 8$
$8 = 1 \cdot 8$
$24 = 3 \cdot 8$
$48 = 6 \cdot 8$
$32 = 4 \cdot 8$
$56 = 7 \cdot 8$
$40 = 5 \cdot 8$
$80 = 10 \cdot 8$
$64 = 8 \cdot 8$
$72 = 9 \cdot 8$

Ergänze in den Kästchen die fehlenden Zahlen.

·2	·4	·8
2	4	8
4		16
	40	

87

Multiplizieren

Ergänze in den Kästchen die fehlenden Zahlen.

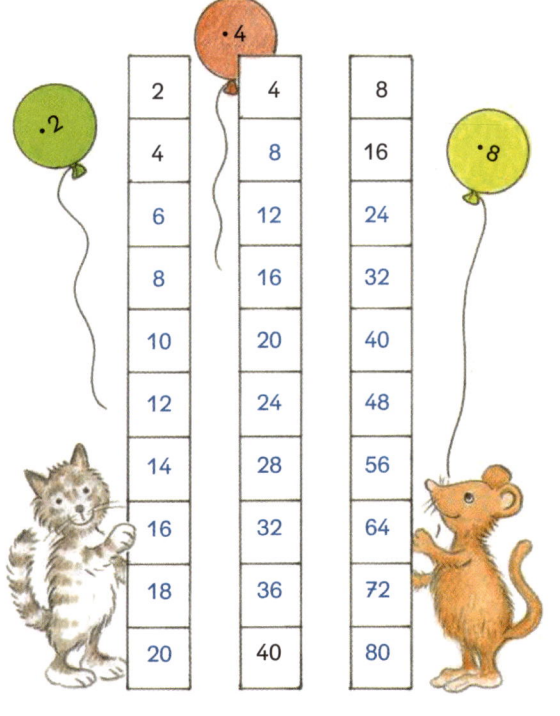

·2	·4	·8
2	4	8
4	8	16
6	12	24
8	16	32
10	20	40
12	24	48
14	28	56
16	32	64
18	36	72
20	40	80

Zu jeder Plusaufgabe gehört eine Malaufgabe.
Schreibe sie auf und löse sie.

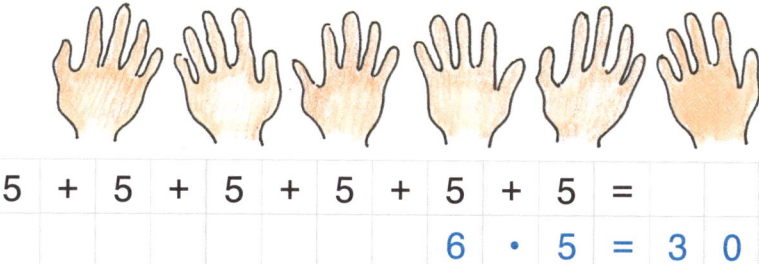

5	+	5	+	5	+	5	+	5	+	5	=	
								6	·	5	=	3 0

	+		+		+		+		=	
							·	5	=	

	+		+		+		=	
					·	5	=	

An einer Hand
sind 5 Finger.

	5	+	5	+	5	=	
				·	5	=	

Multiplizieren

Zu jeder Plusaufgabe gehört eine Malaufgabe.
Schreibe sie auf und löse sie.

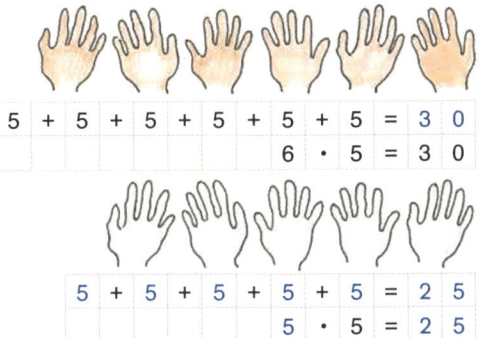

$5 + 5 + 5 + 5 + 5 + 5 = 30$

$6 \cdot 5 = 30$

$5 + 5 + 5 + 5 + 5 = 25$

$5 \cdot 5 = 25$

$5 + 5 + 5 + 5 = 20$

$4 \cdot 5 = 20$

An einer Hand sind 5 Finger.

$5 + 5 + 5 = 15$

$3 \cdot 5 = 15$

Kennst du das Einmaleins mit 5?
Verbinde die Zahlen in der richtigen Reihenfolge.

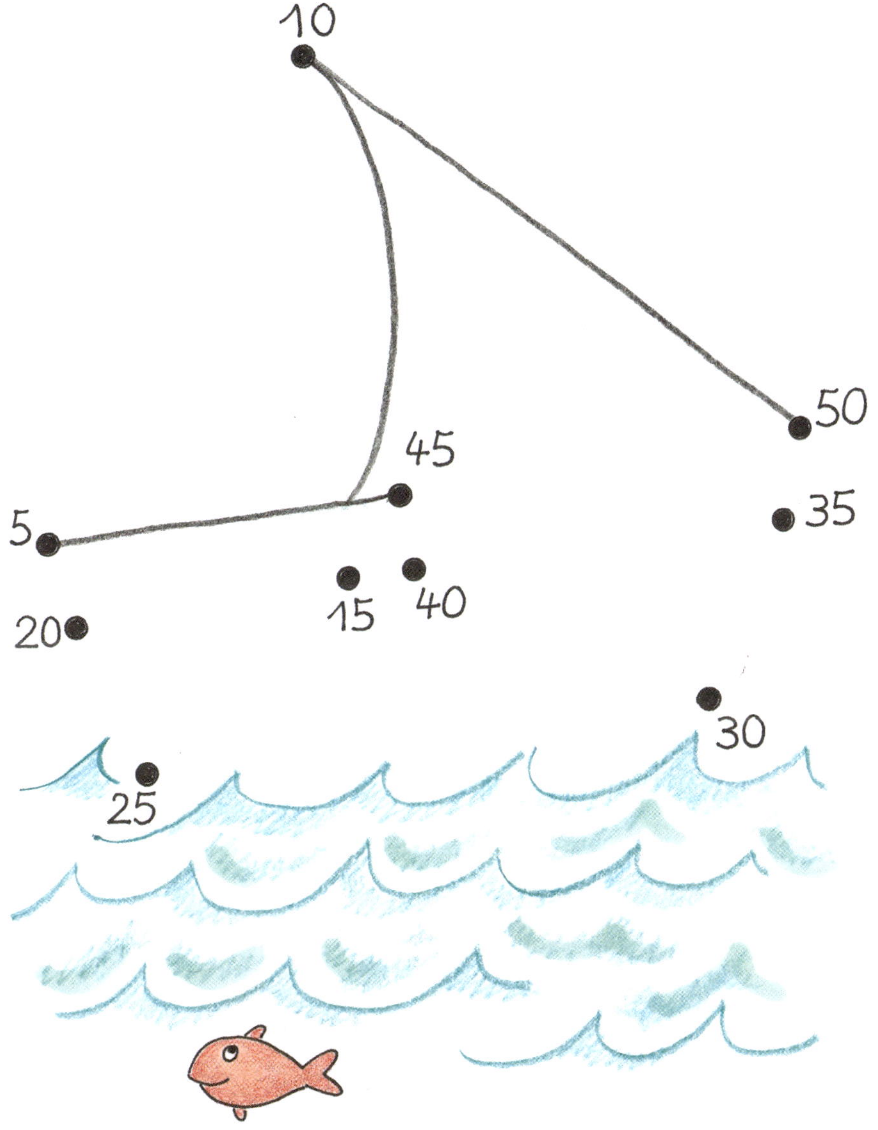

10

45

5

50

35

15 40

20

30

25

Kennst du das Einmaleins mit 5?
Verbinde die Zahlen in der richtigen Reihenfolge.

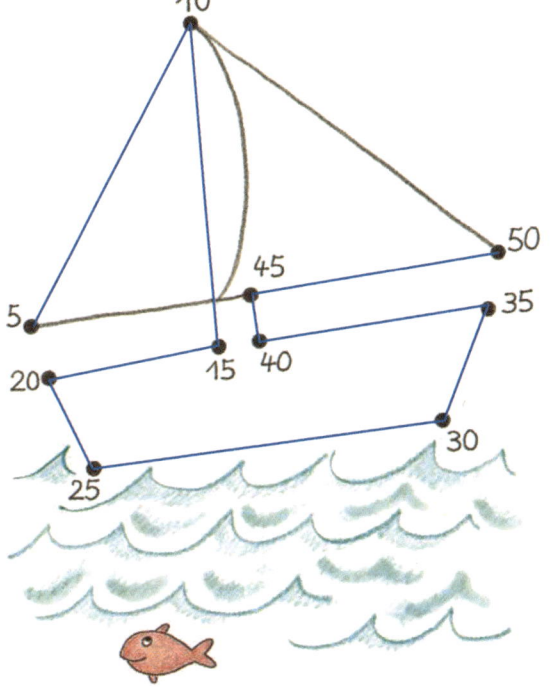

Das Einmaleins mit 1 ist ganz einfach.

1	+	1	+	1	+	1	+	1	+	1	+	1	+	1

$$8 \cdot 1 = 8$$

$1 \cdot 1 =$

$2 \cdot 1 =$

$3 \cdot 1 =$

$4 \cdot 1 =$

$5 \cdot 1 =$

$6 \cdot 1 =$

$7 \cdot 1 =$

$8 \cdot 1 =$

$9 \cdot 1 =$

$10 \cdot 1 = 10$

$6 = 6 \cdot 1$

$10 = \cdot 1$

$8 = \cdot$

$9 =$

$7 =$

Multiplizieren

Das Einmaleins mit 1 ist ganz einfach.

1	+	1	+	1	+	1	+	1	+	1	+	1	+	1
								8	·	1	=	8		

1 · 1 = 1	6 · 1 = 6
2 · 1 = 2	7 · 1 = 7
3 · 1 = 3	8 · 1 = 8
4 · 1 = 4	9 · 1 = 9
5 · 1 = 5	10 · 1 = 10

6 = 6 · 1
10 = 10 · 1
8 = 8 · 1
9 = 9 · 1
7 = 7 · 1

In welchen Eimer gehören die Fische? Male jeden Fisch
in der Farbe des Eimers an, in den er hinein gehört.

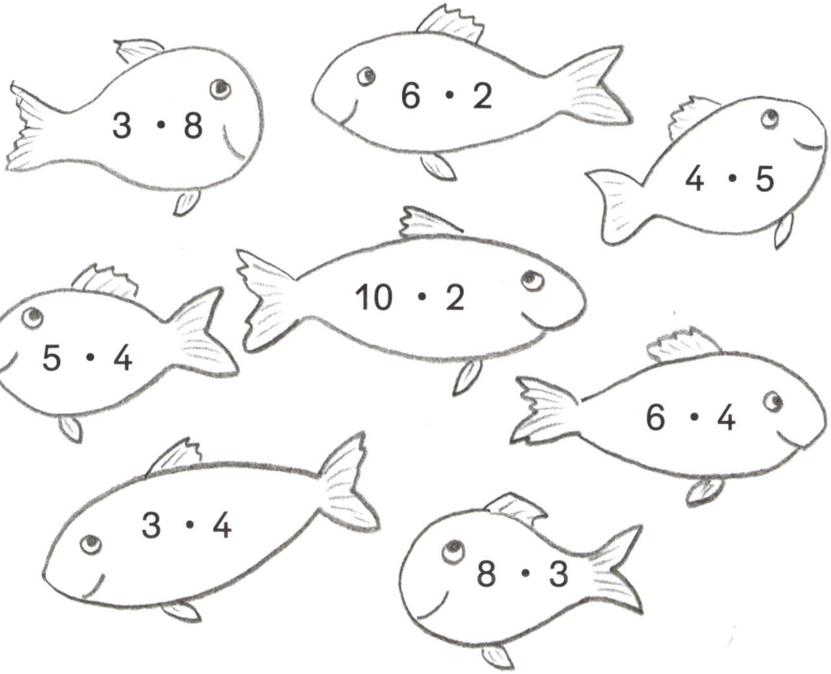

3 · 8

6 · 2

4 · 5

10 · 2

5 · 4

6 · 4

3 · 4

8 · 3

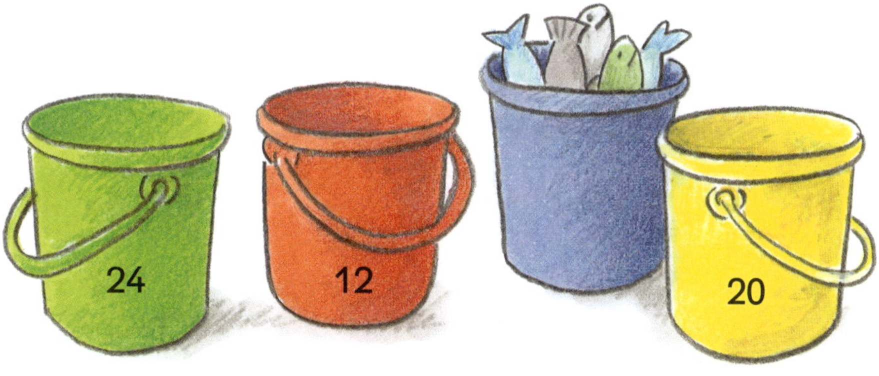

24

12

20

In welchen Eimer gehören die Fische? Male jeden Fisch in der Farbe des Eimers an, in den er hinein gehört.

Das Einmaleins mit 10 ist ganz einfach.
Rechne alle Aufgaben.

$$1\ 0\ +\ 1\ 0\ +\ 1\ 0\ =$$
$$3\ \cdot\ 1\ 0\ =$$

$$1\ \cdot\ 1\ 0\ =\ \ \ 1\ 0$$
$$2\ \cdot\ 1\ 0\ =$$
$$3\ \cdot\ 1\ 0\ =$$
$$4\ \cdot\ 1\ 0\ =$$
$$5\ \cdot\ 1\ 0\ =$$
$$6\ \cdot\ 1\ 0\ =$$
$$7\ \cdot\ 1\ 0\ =$$
$$8\ \cdot\ 1\ 0\ =$$
$$9\ \cdot\ 1\ 0\ =$$
$$1\ 0\ \cdot\ 1\ 0\ =$$

Multiplizieren

Das Einmaleins mit 10 ist ganz einfach.
Rechne alle Aufgaben.

1 0	+	1 0	+	1 0	=	**3 0**	
		3	·	1 0	=	**3 0**	

1	·	1 0	=	1 0
2	·	1 0	=	2 0
3	·	1 0	=	3 0
4	·	1 0	=	4 0
5	·	1 0	=	5 0
6	·	1 0	=	6 0
7	·	1 0	=	7 0
8	·	1 0	=	8 0
9	·	1 0	=	9 0
1 0	·	1 0	=	1 0 0

Übe das Einmaleins mit 3.

3	+	3	+	3	=
			·	3	=

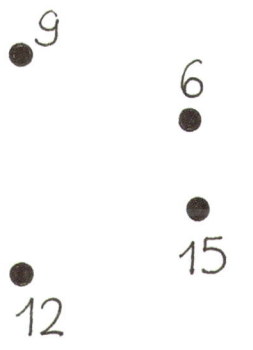

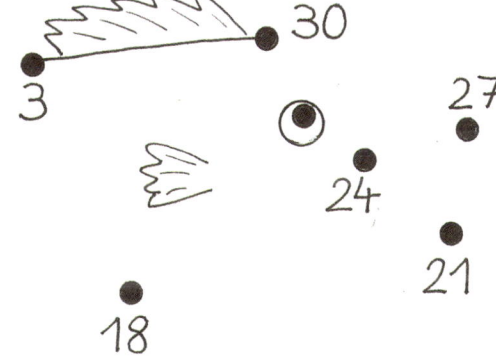

1 · 3	=	
2 · 3	=	
3 · 3	=	
4 · 3	=	
5 · 3	=	

6 · 3	=	
7 · 3	=	
8 · 3	=	
9 · 3	=	
1 0 · 3	=	

Übe das Einmaleins mit 3.

$$3 + 3 + 3 = 9$$
$$3 \cdot 3 = 9$$

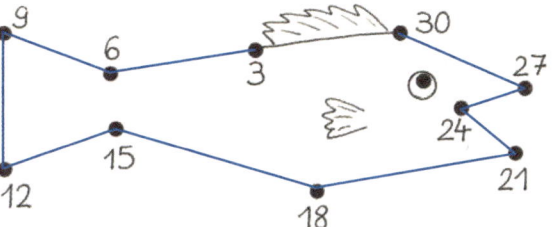

1	·	3	=		3
2	·	3	=		6
3	·	3	=		9
4	·	3	=	1	2
5	·	3	=	1	5

6	·	3	=	1	8
7	·	3	=	2	1
8	·	3	=	2	4
9	·	3	=	2	7
1 0	·	3	=	3	0

Übe das Einmaleins mit 6.

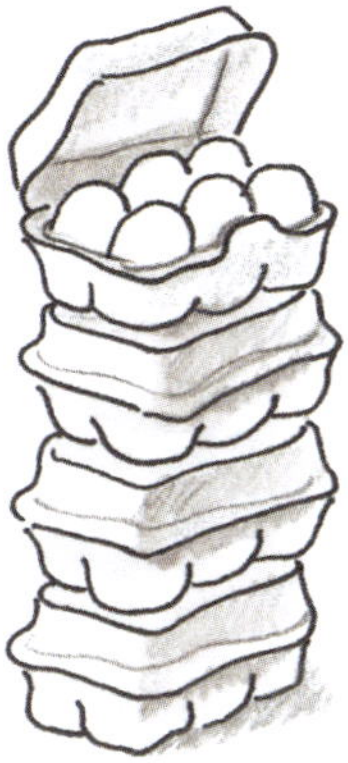

6	+	6	+	6	+	6	=	
				4	·	6	=	

$1 \cdot 6 =$

$6 \cdot 6 =$

$9 \cdot 6 =$

$2 \cdot 6 =$

$4 \cdot 6 =$

$8 \cdot 6 =$

$7 \cdot 6 =$

$3 \cdot 6 =$

$5 \cdot 6 =$

101

Übe das Einmaleins mit 6.

$$6 + 6 + 6 + 6 = 24$$
$$4 \cdot 6 = 24$$

$$1 \cdot 6 = 6$$
$$6 \cdot 6 = 36$$
$$9 \cdot 6 = 54$$

$$2 \cdot 6 = 12$$
$$4 \cdot 6 = 24$$
$$8 \cdot 6 = 48$$

$$7 \cdot 6 = 42$$
$$3 \cdot 6 = 18$$
$$5 \cdot 6 = 30$$

In jeder Dose sind 9 Würstchen.
Wie viele Würstchen sind es insgesamt?

| 9 | + | 9 | + | 9 | = | |
| | | | 3 | • | 9 | = | |

1	•	9	=	9
2	•	9	=	
3	•	9	=	
4	•	9	=	
5	•	9	=	
6	•	9	=	
7	•	9	=	
8	•	9	=	
9	•	9	=	
1 0	•	9	=	

Multiplizieren

In jeder Dose sind 9 Würstchen.
Wie viele Würstchen sind es insgesamt?

$$9 + 9 + 9 = 2\ 7$$
$$3 \cdot 9 = 2\ 7$$

1	·	9	=		9
2	·	9	=	1	8
3	·	9	=	2	7
4	·	9	=	3	6
5	·	9	=	4	5
6	·	9	=	5	4
7	·	9	=	6	3
8	·	9	=	7	2
9	·	9	=	8	1
1 0	·	9	=	9	0

Anton hat Möhren gesät. Jetzt kann er sie ernten.
In jeder Reihe wachsen 7 Möhren.

$$7 + 7 =$$
$$2 \cdot 7 =$$

1 · 7 =	7		7 0 =	1 0	· 7
2 · 7 =			4 9 =		· 7
3 · 7 =			1 4 =		· 7
4 · 7 =			4 2 =		· 7
5 · 7 =			2 1 =		· 7
6 · 7 =			3 5 =		· 7
7 · 7 =			7 =		· 7
8 · 7 =			6 3 =		· 7
9 · 7 =			2 8 =		· 7
1 0 · 7 =			5 6 =		· 7

Multiplizieren

Anton hat Möhren gesät. Jetzt kann er sie ernten.
In jeder Reihe wachsen 7 Möhren.

$$7 + 7 = \boxed{1 \quad 4}$$
$$2 \cdot 7 = \boxed{1 \quad 4}$$

1	·	7	=		7
2	·	7	=	1	4
3	·	7	=	2	1
4	·	7	=	2	8
5	·	7	=	3	5
6	·	7	=	4	2
7	·	7	=	4	9
8	·	7	=	5	6
9	·	7	=	6	3
1 0	·	7	=	7	0

7 0	=	1 0	·	7
4 9	=	7	·	7
1 4	=	2	·	7
4 2	=	6	·	7
2 1	=	3	·	7
3 5	=	5	·	7
7	=	1	·	7
6 3	=	9	·	7
2 8	=	4	·	7
5 6	=	8	·	7

Zu jedem Ergebnis passen zwei Aufgaben.
Verbinde, was zusammengehört.

9 · 4

36

7 · 8

5 · 7

7 · 6

6 · 8

42

4 · 9

27

3 · 9

56

8 · 6

24

9 · 3

6 · 7

8 · 7

35

8 · 3

48

3 · 8

7 · 5

Zu jedem Ergebnis passen zwei Aufgaben.
Verbinde, was zusammengehört.

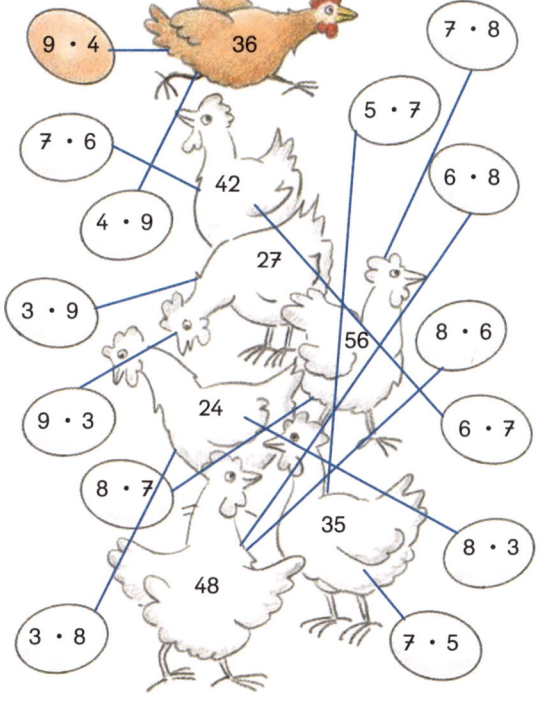

9 · 4   36   7 · 8

7 · 6   5 · 7

42   6 · 8

4 · 9

27

3 · 9   56   8 · 6

9 · 3   24   6 · 7

8 · 7

35

48   8 · 3

3 · 8   7 · 5

Lösungsseite

Zerlege die Malaufgaben in zwei Aufgaben.

7 · 8 =				
5 · 8	+	2 · 8	=	

9 · 8 =				
1 0 · 8	−	1 · 8	=	

7 · 5 =				
5 · 5	+	2 · 5	=	

Kernaufgaben
sind Aufgaben
mit 1, 2, 5, 10.

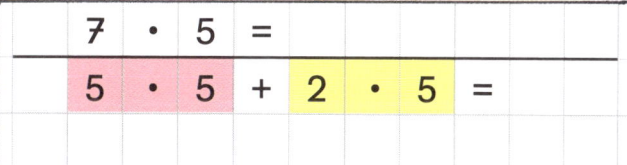

9 · 5 =				
1 0 · 5	−	1 · 5	=	

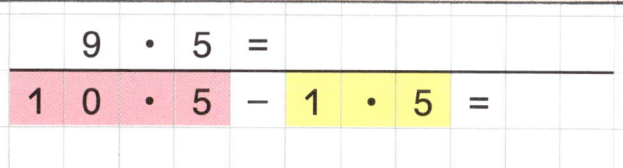

7 · 6 =				
5 · 6	+	· 6	=	

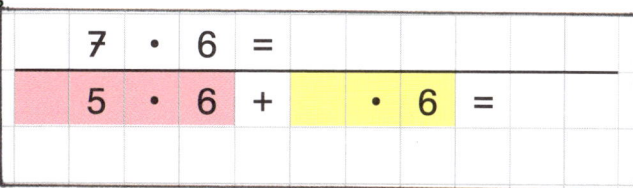

Zerlege die Malaufgaben in zwei Aufgaben.

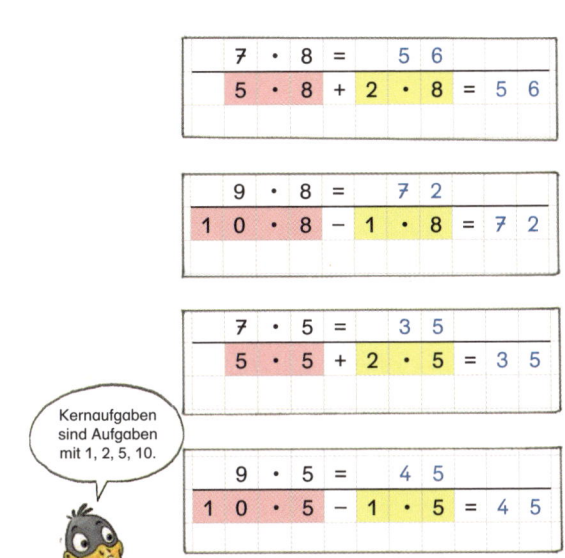

7	·	8	=		5	6
5 · 8	+	2 · 8	=	5	6	

9	·	8	=		7	2
1 0 · 8	−	1 · 8	=	7	2	

7	·	5	=		3	5
5 · 5	+	2 · 5	=	3	5	

Kernaufgaben sind Aufgaben mit 1, 2, 5, 10.

9	·	5	=		4	5
1 0 · 5	−	1 · 5	=	4	5	

7	·	6	=		4	2
5 · 6	+	2 · 6	=	4	2	

Hier kannst du das kleine Einmaleins üben.
Auf der Rückseite geht es weiter.

$1 \cdot 1 = 1$	$1 \cdot 2 = 2$	$1 \cdot 3 = 3$
$2 \cdot 1 = 2$	$2 \cdot 2 = 4$	$2 \cdot 3 = 6$
$3 \cdot 1 = 3$	$3 \cdot 2 = 6$	$3 \cdot 3 = 9$
$4 \cdot 1 = 4$	$4 \cdot 2 = 8$	$4 \cdot 3 = 12$
$5 \cdot 1 = 5$	$5 \cdot 2 = 10$	$5 \cdot 3 = 15$
$6 \cdot 1 = 6$	$6 \cdot 2 = 12$	$6 \cdot 3 = 18$
$7 \cdot 1 = 7$	$7 \cdot 2 = 14$	$7 \cdot 3 = 21$
$8 \cdot 1 = 8$	$8 \cdot 2 = 16$	$8 \cdot 3 = 24$
$9 \cdot 1 = 9$	$9 \cdot 2 = 18$	$9 \cdot 3 = 27$
$10 \cdot 1 = 10$	$10 \cdot 2 = 20$	$10 \cdot 3 = 30$

$1 \cdot 4 = 4$	$1 \cdot 5 = 5$
$2 \cdot 4 = 8$	$2 \cdot 5 = 10$
$3 \cdot 4 = 12$	$3 \cdot 5 = 15$
$4 \cdot 4 = 16$	$4 \cdot 5 = 20$
$5 \cdot 4 = 20$	$5 \cdot 5 = 25$
$6 \cdot 4 = 24$	$6 \cdot 5 = 30$
$7 \cdot 4 = 28$	$7 \cdot 5 = 35$
$8 \cdot 4 = 32$	$8 \cdot 5 = 40$
$9 \cdot 4 = 36$	$9 \cdot 5 = 45$
$10 \cdot 4 = 40$	$10 \cdot 5 = 50$

Das kleine Einmaleins

$1 \cdot 6 = 6$	$1 \cdot 7 = 7$	$1 \cdot 8 = 8$
$2 \cdot 6 = 12$	$2 \cdot 7 = 14$	$2 \cdot 8 = 16$
$3 \cdot 6 = 18$	$3 \cdot 7 = 21$	$3 \cdot 8 = 24$
$4 \cdot 6 = 24$	$4 \cdot 7 = 28$	$4 \cdot 8 = 32$
$5 \cdot 6 = 30$	$5 \cdot 7 = 35$	$5 \cdot 8 = 40$
$6 \cdot 6 = 36$	$6 \cdot 7 = 42$	$6 \cdot 8 = 48$
$7 \cdot 6 = 42$	$7 \cdot 7 = 49$	$7 \cdot 8 = 56$
$8 \cdot 6 = 48$	$8 \cdot 7 = 56$	$8 \cdot 8 = 64$
$9 \cdot 6 = 54$	$9 \cdot 7 = 63$	$9 \cdot 8 = 72$
$10 \cdot 6 = 60$	$10 \cdot 7 = 70$	$10 \cdot 8 = 80$

$1 \cdot 9 = 9$	$1 \cdot 10 = 10$
$2 \cdot 9 = 18$	$2 \cdot 10 = 20$
$3 \cdot 9 = 27$	$3 \cdot 10 = 30$
$4 \cdot 9 = 36$	$4 \cdot 10 = 40$
$5 \cdot 9 = 45$	$5 \cdot 10 = 50$
$6 \cdot 9 = 54$	$6 \cdot 10 = 60$
$7 \cdot 9 = 63$	$7 \cdot 10 = 70$
$8 \cdot 9 = 72$	$8 \cdot 10 = 80$
$9 \cdot 9 = 81$	$9 \cdot 10 = 90$
$10 \cdot 9 = 90$	$10 \cdot 10 = 100$

Lege einen Spiegel an die rote Schnur und verdopple
alles. Schreibe die passenden Aufgaben.

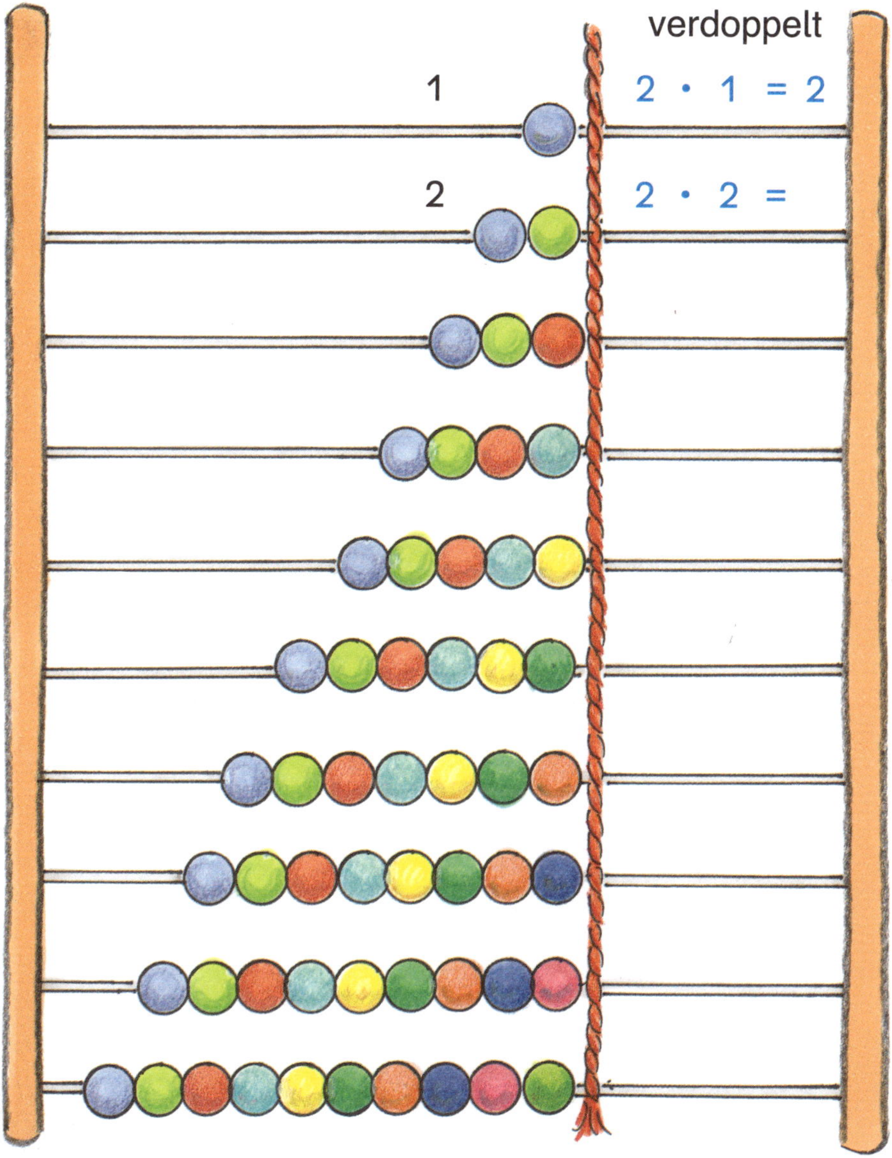

verdoppelt

1   2 · 1 = 2

2   2 · 2 =

Verdoppeln

Lege einen Spiegel an die rote Schnur und verdopple alles. Schreibe die passenden Aufgaben.

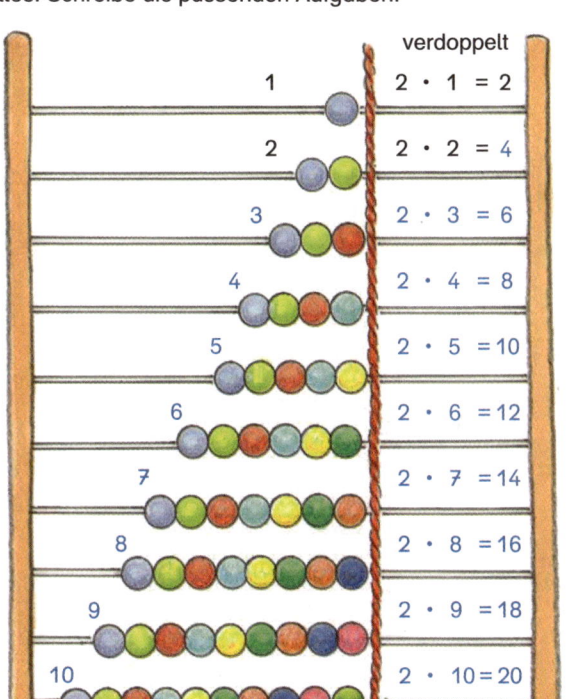

verdoppelt

1	2 · 1 = 2
2	2 · 2 = 4
3	2 · 3 = 6
4	2 · 4 = 8
5	2 · 5 = 10
6	2 · 6 = 12
7	2 · 7 = 14
8	2 · 8 = 16
9	2 · 9 = 18
10	2 · 10 = 20

Findest du die Rechenregeln? Dann schreibe sie auf und ergänze in den Zahlenfolgen die fehlenden Zahlen.

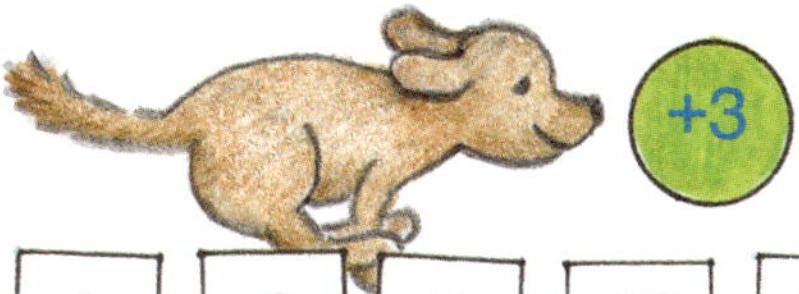

+3

| 1 | 4 | 7 | 10 | 13 | | | | |

| 68 | 64 | 60 | | | | | | |

| 1 | 2 | 4 | 8 | | | | | |

| 99 | 88 | 77 | | | | | | |

| 92 | 82 | 81 | 71 | 70 | | | | |

| 17 | 15 | 25 | 23 | 33 | | | | |

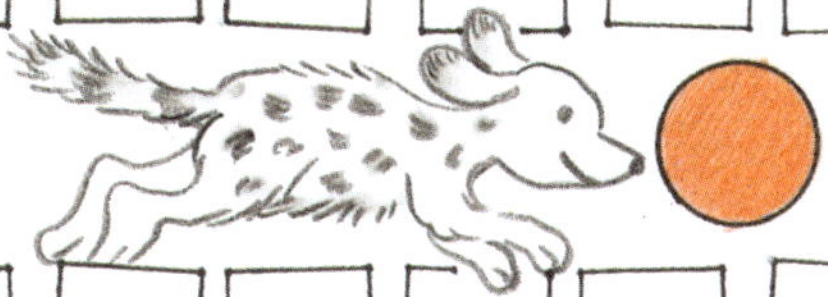

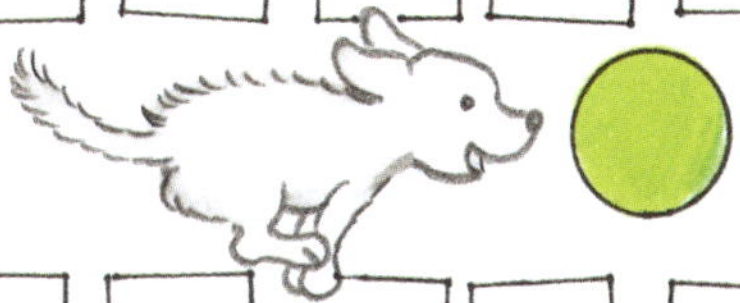

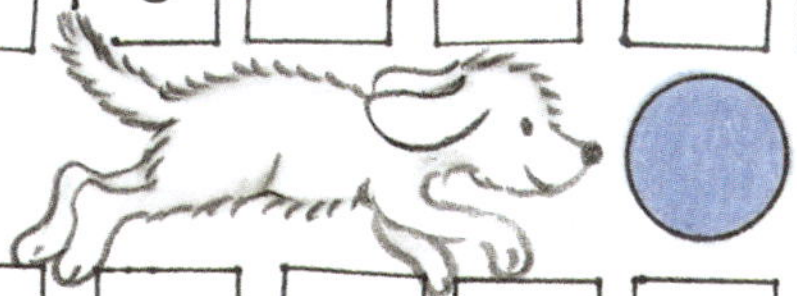

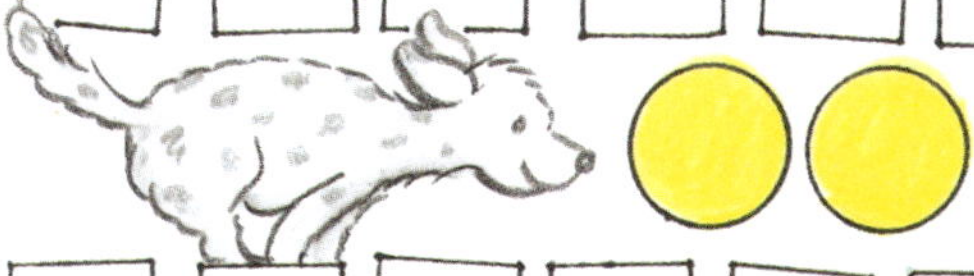

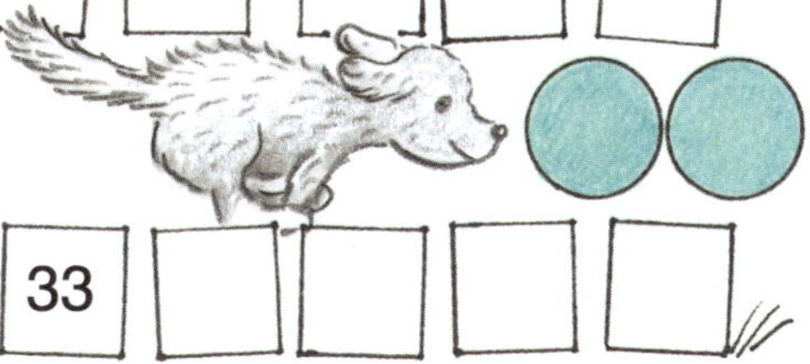

Zahlenfolgen

Findest du die Rechenregeln? Dann schreibe sie auf und ergänze in den Zahlenfolgen die fehlenden Zahlen.

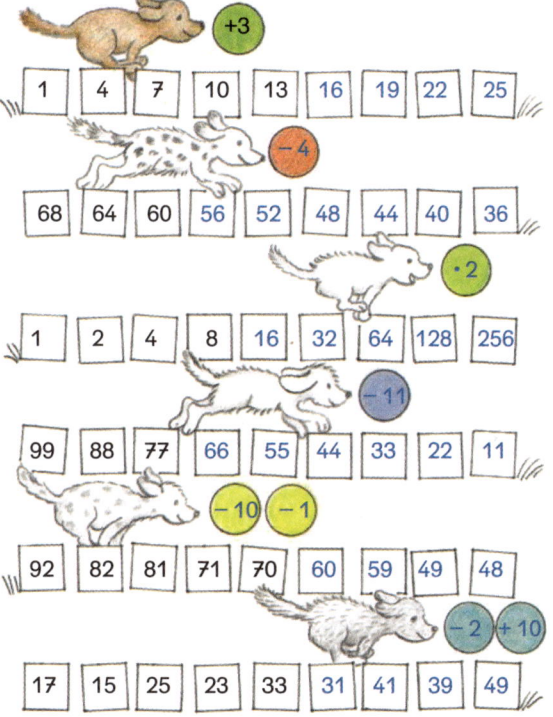

+3

| 1 | 4 | 7 | 10 | 13 | 16 | 19 | 22 | 25 |

−4

| 68 | 64 | 60 | 56 | 52 | 48 | 44 | 40 | 36 |

• 2

| 1 | 2 | 4 | 8 | 16 | 32 | 64 | 128 | 256 |

− 11

| 99 | 88 | 77 | 66 | 55 | 44 | 33 | 22 | 11 |

− 10 − 1

| 92 | 82 | 81 | 71 | 70 | 60 | 59 | 49 | 48 |

− 2 + 10

| 17 | 15 | 25 | 23 | 33 | 31 | 41 | 39 | 49 |

116

Teile die Mengen auf und löse die Geteiltaufgaben.

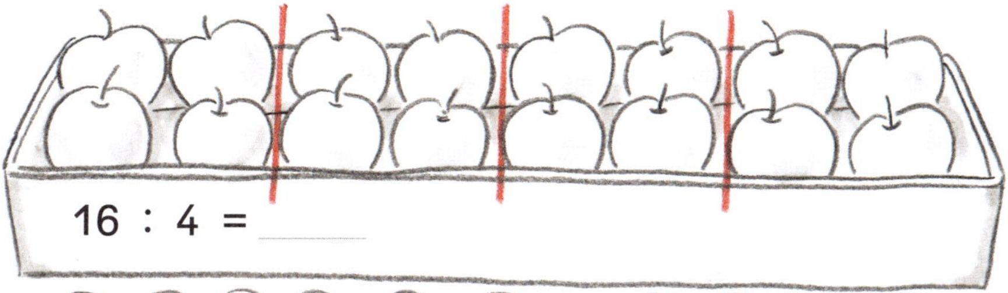

16 : 4 = _____

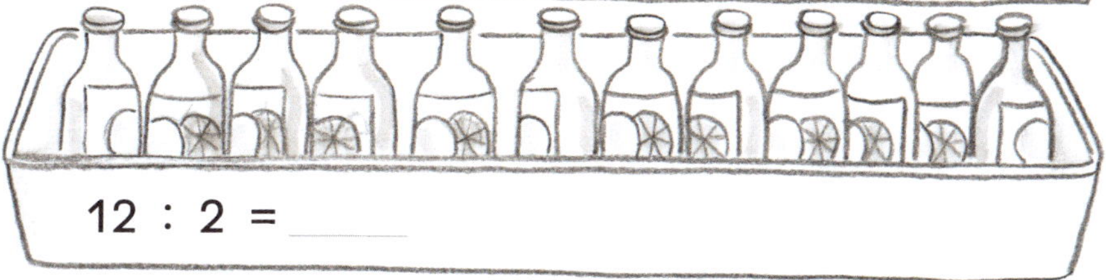

12 : 2 = _____

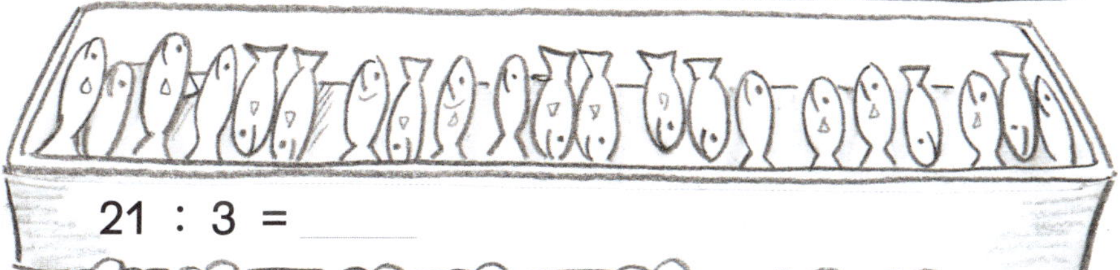

21 : 3 = _____

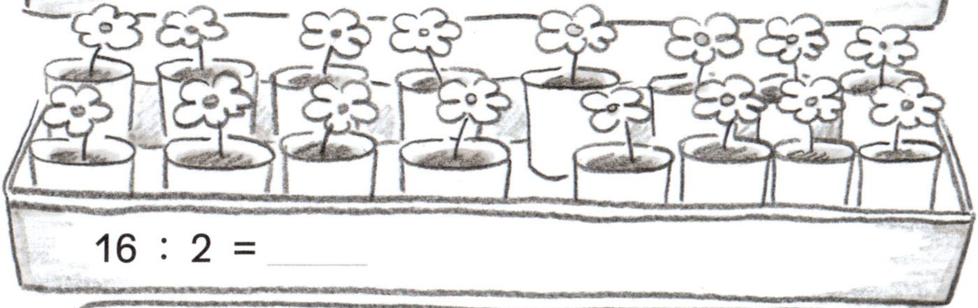

16 : 2 = _____

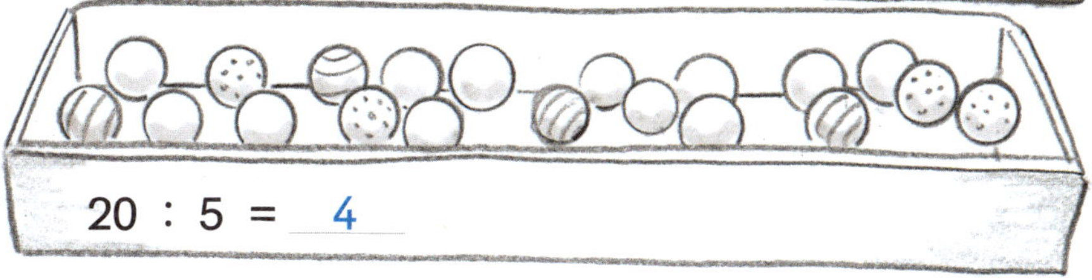

20 : 5 = _4_

Dividieren

Teile die Mengen auf und löse die Geteiltaufgaben.

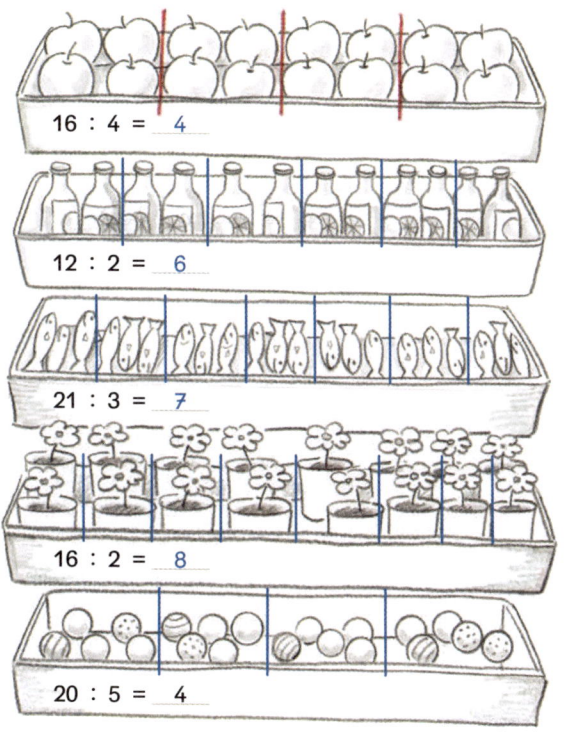

16 : 4 = _4_

12 : 2 = _6_

21 : 3 = _7_

16 : 2 = _8_

20 : 5 = _4_

Dividieren

Suche immer die Hälfte und verbinde, was zusammengehört.

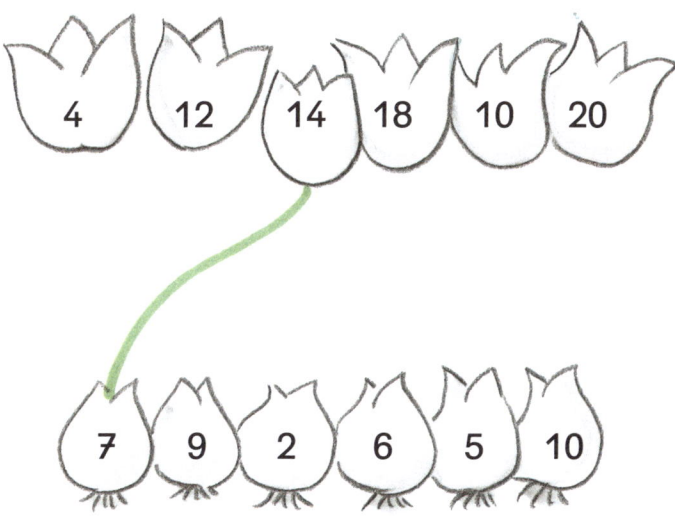

Rechne die Aufgaben.

5	6	:	8	=	**7**
1	4	:	7	=	
3	6	:	6	=	
6	4	:	8	=	
2	0	:	2	=	

1	8	:	2	=
3	5	:	5	=
4	5	:	9	=
2	1	:	3	=
2	8	:	7	=

Suche immer die Hälfte und verbinde, was zusammengehört.

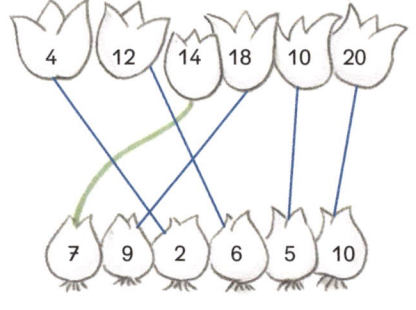

| 4 | 12 | 14 | 18 | 10 | 20 |

| 7 | 9 | 2 | 6 | 5 | 10 |

Rechne die Aufgaben.

5 6 : 8 =	7
1 4 : 7 =	2
3 6 : 6 =	6
6 4 : 8 =	8
2 0 : 2 =	1 0

1 8 : 2 =	9
3 5 : 5 =	7
4 5 : 9 =	5
2 1 : 3 =	7
2 8 : 7 =	4

Nur wer **7** als Ergebnis hat, ist Sieger.
Male das richtige Trikot an.

24 : 3

81 : 9

36 : 4

64 : 8

42 : 7

56 : 8

45 : 9

35 : 7

Dividieren

Nur wer **7** als Ergebnis hat, ist Sieger.
Male das richtige Trikot an.

24 : 3

81 : 9

36 : 4

42 : 7

64 : 8

56 : 8

45 : 9

35 : 7

Dividieren

Zu jeder Geteiltaufgabe gehört eine Probeaufgabe.
Schreibe sie auf und rechne alle Aufgaben.

4	9	:	7	=		7		
5	6	:	8	=		7		
3	6	:	4	=				
5	4	:	9	=				
2	7	:	3	=				
8	1	:	9	=				
3	2	:	8	=				
2	4	:	3	=				

7	•	7	=	4	9
7	•	8	=		
9	•		=		

Die Probeaufgabe ist eine Malaufgabe.

Dividieren

Zu jeder Geteiltaufgabe gehört eine Probeaufgabe.
Schreibe sie auf und rechne alle Aufgaben.

4	9	:	7	=	7		7	·	7	=	4	9
5	6	:	8	=	7		7	·	8	=	5	6
3	6	:	4	=	9		9	·	4	=	3	6
5	4	:	9	=	6		6	·	9	=	5	4
2	7	:	3	=	9		9	·	3	=	2	7
8	1	:	9	=	9		9	·	9	=	8	1
3	2	:	8	=	4		4	·	8	=	3	2
2	4	:	3	=	8		8	·	3	=	2	4

Die Probeaufgabe
ist eine Malaufgabe.

Zu jeder Geteiltaufgabe gehört eine Malaufgabe.
Rechne die Aufgaben und male die passenden Hasen
in der gleichen Farbe an.

36 : 9 =

7 · 7 =

8 · 7 =

42 : 6 =

49 : 7 =

7 · 9 =

56 : 7 =

7 · 6 =

63 : 9 =

4 · 9 =

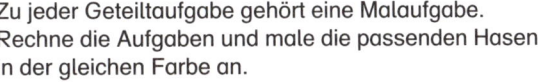

Dividieren

Zu jeder Geteiltaufgabe gehört eine Malaufgabe.
Rechne die Aufgaben und male die passenden Hasen
in der gleichen Farbe an.

36 : 9 = 4

7 · 7 = 49

8 · 7 = 56

42 : 6 = 7

49 : 7 = 7

7 · 9 = 63

56 : 7 = 8

7 · 6 = 42

63 : 9 = 7

4 · 9 = 36

Die Kinder wollen die Formen sortieren.
Male die gleichen Formen in der gleichen Farbe an.

Dreieck

Quadrat

Kreis

Rechteck

Formen

Die Kinder wollen die Formen sortieren.
Male die gleichen Formen in der gleichen Farbe an.